Christmas IS A FEELING

PATRICK ROSENTHAL

Christmas IS A FEELING

Weihnachtliche Rezepte und Geschichten für die schönste Zeit im Jahr

PATRICK ROSENTHAL

riva

Inhalt

Vorwort

Weihnachten. Wenn ich die Augen schließe und an Weihnachten denke, sehe ich vor meinem inneren Auge eine schneebedeckte Holzhütte, in der ein loderndes Feuer im Kamin brennt, um uns zu wärmen. Ich rieche den großen, geschmückten Tannenbaum, sehe aufgeregte Kinder, deren Wangen schon ganz rot vor Aufregung sind, und höre im Hintergrund leise, friedliche Chorgesänge. Der Fernseher bleibt aus, und alle sitzen gemeinsam am Tisch und plaudern über die letzten Monate. Alle blinzeln zu den vielen mühevoll eingepackten Geschenken, die sich unter dem Tannenbaum stapeln und schon darauf warten, einen neuen Besitzer zu bekommen. So ist Weihnachten, oder?

Wenn ich die Augen öffne und an Weihnachten denke, wie ich es erlebt habe, dann macht mein Gehirn eine Art Zeitreise. Ich kann mich noch genau daran erinnern, wie aufgeregt ich war, als das Christkind endlich mit dem Glöckchen bimmelte. Bei uns daheim war es das Zeichen, dass es die Geschenke unter den Baum gelegt hat. Wie sehr habe ich es als Kind geliebt, dem Weihnachtsmann meinen Wunschzettel zu schreiben. Ich machte mir keine Gedanken darüber, ob nun der Weihnachtsmann oder das Christkind kam, ich fand beide toll. Als ich von zu Hause auszog, bin ich natürlich an Heiligabend immer zu meinen Eltern gefahren. Als Jugendlicher war dann das Weihnachtsfeeling eher darauf beschränkt, schnell seine Geschenke zu bekommen, um das »langweilige« Familienfest verlassen zu könnnen. Heute, wo meine Eltern nicht mehr leben, würde ich alles tun, um nochmals ein Weihnachtsfest gemeinsam verbringen zu können. Sei es noch so langweilig. Je älter ich wurde, desto unwichtiger wurden die Geschenke zu Weihnachten. Jedes Jahr wurde immer wieder von Neuem mit Freundinnen und Freunden oder Partnerinnen und Partnern vereinbart, sich bloß nichts zu Weihnachten zu schenken. Kaum jemand hat sich daran gehalten. Mich hat das noch mehr gestresst, weil ich dann trotzdem immer etwas gekauft habe, um ein Geschenk dazuhaben, falls sich jemand doch nicht an die vereinbarte Regel halten sollte.

Heute ist Weihnachten nochmals anders. Auch wenn sich das Bild von der schneebedeckten Holzhütte nie bewahrheitet hat, ist das Gefühl »Weihnachten« doch geblieben. Nur eben anders. Ich kaufe wenige Geschenke für ganz wenige Menschen ein. Manchmal auch für Fremde, die mich ein ganzes Jahr lang ertragen mussten (wie zum Beispiel dem Postboten, dem ich auflauere, um bloß kein Paket zu verpassen). Wenn mich das »Verschenke-Fieber« aber dann doch noch packt, verschenke ich selbst gegossene Duftkerzen oder auch selber hergestellte Duftsprays.

Ich kaufe mir selbst auch immer etwas, als Belohnung, dass ich mich das ganze Jahr lang ertragen habe, und versende anonym Geschenke an Tierheime. Der Heiligabend ist für mich nicht mehr im Fokus, sondern diese besondere Zeit davor. Ich mache das Kaminfeuer an, backe mir etwas Leckeres (am liebsten mit Kardamom) und schreibe stundenlang Weihnachtskarten. Das ist so eine Art »Weihnachts-Yoga« für mich.

Das Weihnachtsgefühl kann so viel sein. Das Buch soll dazu einladen, Weihnachten mal wieder zu spüren, und bietet dir viele Tipps, dein Weihnachtsfest und die besonders schöne Zeit davor zu genießen. On top bekommst du natürlich auch viele kulinarische Highlights, nicht nur aus Deutschland.

Süße
WEIHNACHTS-LIEBLINGE

Dominosteine

**ZUTATEN
FÜR CA. 90 STÜCK**

- 50 g Pistazienkerne
- 250 g Mehl
- 2 TL Backpulver
- ½ TL Zimtpulver
- 1 Msp. Nelkenpulver
- 1 Ei
- 150 g Aprikosengelee
- 1 TL Rum
- 100 g Marzipanrohmasse
- 450 g Zartbitterkuvertüre
- 100 g Honig
- 55 g Butter
- 50 g Zucker

1. Backofen auf 180 °C Ober-/Unterhitze vorheizen. Pistazienkerne im Mixer grob zerhacken.
2. In einer Schüssel Mehl, Backpulver, Zimt, Nelke und Ei geben und zu einem glatten Teig verkneten. In einer Schüssel 50 g Kuvertüre, Honig, 25 g Butter und Zucker auf einem Wasserbad schmelzen. Schokolade zu dem Mehl geben und verkneten. Den Teig auf ein Backblech mit Backpapier ausrollen und auf mittlerer Schiene 10 Minuten backen. Die Teigplatte aus dem Ofen holen, auf ein Brett stürzen und halbieren.
3. Das Aprikosengelee mit dem Rum verrühren und eine Hälfte des Teigbodens damit bestreichen, Marzipan zwischen zwei Backpapierböden dünn ausrollen und auf die bestrichene Teigplattenhälfte legen. Marzipan mit Aprikosengelee bestreichen und die zweite Teigplatte darauflegen und in 2 x 2 cm große Würfel schneiden.
4. 400 g Kuvertüre und 30 g Butter in eine Schüssel geben und auf einem Wasserbad schmelzen lassen, Würfel auf ein Kuchengitter stellen und mit der Kuvertüre überziehen, mit gehackten Pistazien dekorieren und auskühlen lassen.

Spritzgebäck

ZUTATEN FÜR 2 BLECHE

250 g Butter

150 g Zucker

1 Ei

200 g Mehl

150 g Speisestärke

80 g gem. Mandeln

150 g Kuvertüre

1. In einer Schüssel Butter, Zucker und Ei schaumig schlagen.
2. Mehl, Speisestärke und Mandeln zugeben und zu einem Mürbeteig verkneten.
3. Teig in Folie wickeln und 2 Stunden in den Kühlschrank legen.
4. Den Teig durch einen Fleischwolf mit Spritzgebäck-Aufsatz drehen und in Stücke schneiden. Nochmals 10 Minuten kalt stellen. Backofen auf 175 °C Ober-/Unterhitze vorheizen, Backblech mit Backpapier belegen und das Spritzgebäck darauflegen. 10–15 Minuten im Ofen backen.
5. Die Schokolade über einem Wasserbad schmelzen und das abgekühlte Spritzgebäck mit einer Seite in die Schokolade tunken. Auf einem Kuchengitter aushärten lassen.

Zimtsterne

**ZUTATEN
FÜR CA. 40 STÜCK**

- 3 Eier
- 200 g Puderzucker
- 350 g gem. Mandeln
- 1½ TL Zimt

1. 2 Eier trennen und die Eiweiße in einer Schüssel steif schlagen. Unter ständigem Rühren 100 g Puderzucker langsam zugeben.
2. Mandeln und Zimt unterheben. Den Teig in Folie wickeln und mindestens 2 Stunden, am besten über Nacht, kalt stellen.
3. Teig auf einer bemehlten Arbeitsfläche ausrollen und zu Sternen ausstechen. Diese auf ein Backblech mit Backpapier legen.
4. Den Backofen auf 100 °C Umluft vorheizen.
5. Das übrige Ei trennen und das Eiweiß steif schlagen. Den restlichen Puderzucker langsam dazugeben. Die Sterne mit dem Guss bestreichen und 15 Minuten im Ofen backen.

Spitzbuben

ZUTATEN FÜR 1–2 BLECHE

- 2 Eier
- 200 g Butter
- 100 g Puderzucker
- 1 Pck. Vanillezucker
- 100 g gem. Mandeln
- 230 g Mehl
- 100 g Gelee (Himbeer-, Kirsch- oder Erdbeergelee)

1. Eier trennen, Eigelbe mit Butter, Puderzucker, Vanillezucker in einer Schüssel schaumig schlagen. Mehl und Mandeln dazugeben und gut durchkneten. Teig in Folie wickeln und für 2 Stunden in den Kühlschrank legen.
2. Den Ofen auf 180 °C Umluft vorheizen, Backblech mit Backpapier auslegen. Den Teig auf einer bemehlten Fläche ca. 3 mm dick ausrollen, Kreise mit Ø ca. 4 cm ausstechen. Bei der Hälfte der Kreise noch ein Loch in der Mitte ausstechen.
3. Plätzchen für 8–10 Minuten im Ofen goldbraun backen, auskühlen lassen. Die Plätzchen mit Loch in der Mitte mit Puderzucker bestreuen, die anderen Plätzchen mit Gelee bestreichen, Plätzchen zusammensetzen.

Saftige Kokosmakronen

ZUTATEN FÜR CA. 30 STÜCK

- 4 Eiweiß
- 150 g Zucker
- 1 Pck. Vanillezucker
- 1 Prise Zimt
- 200 g Kokosraspel
- 30 Oblaten

1. Backofen auf 150 °C Umluft vorheizen und ein Backblech mit Backpapier auslegen. Eiweiß sehr steif schlagen. Zucker, Vanillezucker und Zimt unterrühren.
2. Kokosraspel unterheben. Oblaten auf dem Backpapier verteilen. Kleine Teighäufchen auf die Oblaten setzen und im Ofen 10–12 Minuten backen. Auskühlen lassen.

Ute Daus

Geboren an einem Sonntag im Dezember 1946, Rentnerin
und Hobbyautorin von Kurzgeschichten

Kindheitserinnerungen an Weihnachten bei den Großeltern auf dem Land

Durch meterhohen Schnee bin ich mit meinem Opa in den Wald gestapft, bitterkalt war es. Die Kälte machte mir nichts aus, denn ich durfte den Weihnachtsbaum aussuchen.

In der warmen Stube wurde er direkt ans Fenster gestellt, damit das Christkind ihn sehen konnte. Oma legte für das Christkind Kristallkugeln, Strohsterne, Glasfiguren, kleine Trompeten, Lametta, Engelshaar und eine wunderschöne Christbaumspitze bereit, damit es den Baum – während wir in der Dorfkirche waren – schmücken konnte.

Ich durfte bei dem Krippenspiel einen Engel spielen. Omas weißes Nachthemd mit schöner Spitze und Engelflügel aus Gänsefedern (die arme Weihnachtsgans musste dafür herhalten) machten mich als (B-)engel perfekt. Nur die klobigen Winterstiefel dazu gefielen mir gar nicht. Ich wollte unbedingt ein Engelchen sein, war froh, dass Omas Nachthemd die Stiefel verdeckte.

Bis zur Dorfkirche war es ein langer Fußmarsch, der sich aber lohnte. Nach dem Krippenspiel bekam jedes Kind eine Weihnachtstüte, gefüllt mit Äpfeln, Nüssen, Zimtsternen, Lebkuchen und einem Schokoladenweihnachtsmann.

Wenn ich heute an dieses Weihnachten zurückdenke, habe ich den Weihnachtsbaum mit dem wunderschönen Schmuck vor Augen, eine Erinnerung, die ich immer im Herzen trage.

Als Erwachsener sollte man sich ein bisschen »Kindsein« bewahren.

Zimtschnecken-Blondies

Das sind die besten Blondies, die ich je gegessen habe. Sie sind einfach der Knaller! Weiße Schokolade im Teig, Frischkäse-Zuckerguss und Zimtzucker. Jeder Bissen schmilzt köstlich im Mund.

ZUTATEN FÜR 1 ECKIGE SPRINGFORM (20 X 20 CM)

300 g weiße Schokolade

250 g Butter

je 100 g brauner und weißer Zucker

1 Pck. Vanillezucker

4 Eier

2 Eigelb

2 TL Backpulver

1 Prise Salz

2 TL Zimt

400 g Mehl

Topping

4 EL Zimt

200 g weißer Zucker

4 EL Frischkäse

2 EL Sahne

250 g Puderzucker

1 Prise Salz

1. Backofen auf 180 °C vorheizen. Die Springform leicht einfetten und den Boden mit Backpapier auslegen. Schokolade über einem Wasserbad schmelzen lassen. Butter, braunen und weißen Zucker, Vanillezucker, Eier und Eigelbe verrühren. Geschmolzene Schokolade unterrühren. Backpulver, Salz, Zimt und Mehl verrühren. Die Buttermischung zur Mehlmischung geben und unterrühren. Den Teig in die Form geben.
2. Für das Topping Zimt und Zucker vermengen und auf dem Teig verteilen. 30 Minuten backen, bis die Blondies goldbraun sind.
3. Die Blondies abkühlen lassen.
4. In der Zwischenzeit den Frischkäse mit Sahne, Puderzucker und Salz verrühren und auf dem Kuchen verteilen.

Aprikosen-Rumkugeln

Diese leckeren Trüffel sind schnell gemacht, richtig lecker und auch ein tolles Geschenk. Quasi drei unschlagbare Gründe, in die Küche zu gehen und loszulegen.

ZUTATEN FÜR CA. 40 STÜCK

- 5 TL Aprikosenmarmelade
- 4 TL Rum
- 100 g Rosinen, gehackt
- 150 g Butterkekse, zermahlen
- 200 g Biskuit-Tortenboden, zerbröselt
- 100 g Vollmilchschokolade
- 100 g Milchschokoladenstreusel
- 100 g Zartbitterschokoladenstreusel

1. Die Aprikosenmarmelade kurz in der Mikrowelle oder in einem kleinen Topf erwärmen.
2. Die Marmelade, Rum, Rosinen, Kekskrümel und Tortenboden in eine Schüssel geben und mit den Händen vermengen. Vollmilchschokolade über einem Wasserbad schmelzen und in die Schüssel geben. Alles mit den Händen gut verkneten. Die Masse für 30 Minuten in den Kühlschrank geben. Aus der Masse Kugeln formen und durch die Milchschokoladenstreusel und Zartbitterschokoladenstreusel rollen.
3. Die Rumkugeln auf ein Kuchengitter oder in kleine Förmchen setzen und für mindestens 1 Stunde in den Kühlschrank stellen.

Knusper-Nuss-Schnittchen

Wenn es um Nüsse geht, kann ich einfach nicht Nein sagen! Ich habe einen ganzen Schrank voll: Cashews, Pekannüsse, Walnüsse, Erdnüsse, Macadamias und auch Mandeln ... Mich selbst vom Naschen abzuhalten erfordert ernsthafte Selbstkontrolle. Und diese kleinen Nuss-Schnittchen voller Lieblingsnüsse und Dattelsirup sind einfach perfekt. Du kannst sie auch in Dreiecke schneiden und hast damit die wohl nussigsten Nussecken der Welt.

ZUTATEN FÜR 12 STÜCK

- 1 eckige Springform (ca. 22 x 22 cm)
- 250 g Mehl
- ½ TL Backpulver
- 1 Prise Salz
- 200 g Butter, kalt und gewürfelt
- 300 g Dattelsirup
- 1 Eigelb
- 125 g Butter
- 400 g Nüsse
- 50 g Pistazien

1. Mehl, Backpulver und Salz vermengen, Butter zugeben und zu einem krümeligen Teig verkneten.
2. 80 g Dattelsirup und Eigelb zugeben und verkneten. Die Springform mit Backpapier auslegen und leicht einfetten. Den Teig in die Form drücken und 30 Minuten kalt stellen. Backofen auf 180 °C Ober-/Unterhitze vorheizen. Den Boden 15 Minuten backen, herausnehmen. Backofen auf 160 °C herunterdrehen.
3. Die Butter mit dem restlichen Dattelsirup in einen Topf geben und unter Rühren aufkochen lassen. Vom Herd nehmen und die Nüsse unterheben. Masse auf dem Teigboden verteilen und Pistazien darüberstreuen.
4. Im Backofen 20 Minuten backen. Kurz in der Form und dann vollständig auf einem Kuchengitter auskühlen lassen.
5. In Streifen oder Ecken schneiden.

TIPP

Dattelsirup kannst du auch ganz leicht selbst machen. 250 ml Wasser aufkochen lassen und 150 g Datteln (ungesüßt, getrocknet und entsteint) damit übergießen und 1 Stunde einweichen lassen. Datteln mit dem Wasser in einen Mixer geben und pürieren, bis eine glatte Masse entsteht.

Wenn die Masse noch zu fest ist, nach und nach ein wenig Wasser zugeben. Der Dattelsirup sollte eine Konsistenz wie Honig haben.

Florentiner-Brownies

Es vergeht kein Jahr, an dem zu Weihnachten nicht diese Florentiner-Brownies auf dem Tisch stehen. Und das schon seit vielen, vielen Jahren. Aber was haben amerikanische Brownies mit italienischen Florentinern zu tun? Auf den ersten Blick natürlich nichts. Aber gehen wir mal ein paar Jahre zurück in meine Kindheit, besser gesagt in die meiner Mutter.

Meine Großeltern hatten immer viele Hausangestellte, darunter auch zwei Köchinnen, die den ganzen Tag nichts anderes machten, als zu kochen und zu backen, die Küche herzurichten und Lebensmittel einzukaufen.

Ada kam aus Italien. Auf eine italienische Köchin bestand meine Großmutter, denn meine Urgroßmutter kam aus Sizilien, und meine Großmutter liebte die italienische Küche. Penny kam aus den Vereinigten Staaten. Besonders zu Weihnachten muss immer großer Trubel geherrscht haben. Meine Großeltern hatten in der Vorweihnachtszeit viel Besuch und liebten es, große Tische eindecken zu lassen und stundenlang zu speisen.

Jedes Jahr mussten auch Omas Lieblingsweihnachtskekse gebacken werden. Sie bestand darauf, dass es immer die gleichen Kekse waren, denn von Abwechslung hielt sie nicht viel. Und so kamen jedes Jahr Kipferl, Printen und Makronen auf den Tisch.

Nur einmal durften Ada und Penny ein Gebäckstück aus ihrer Heimat backen. Und da sich die beiden so gut verstanden, haben sie einfach ihre Lieblingsgebäckstücke zu einem einzigen vereint. Geboren war der Florentiner-Brownie. Meine Mama hat diese Brownies jedes Jahr gebacken und uns viele Geschichten von Ada und Penny erzählt. Meine Schwester und ich haben diese Geschichten geliebt und sind uns bis heute nicht sicher, ob sie je gestimmt haben. Aber das ist nicht wichtig. Es ist eine schöne Erinnerung, die ich heute gerne weitergebe.

ZUTATEN
FÜR 20 STÜCK

1 eckige Springform (20 x 20 cm)

Teig

150 g dunkle Schokolade (mindestens 70 %), grob gehackt

150 g Butter, Zimmertemperatur

200 g weißer Zucker

100 g brauner Zucker

150 g Mehl

¼ TL gem. Kardamom

¼ TL gem. Anis

¼ TL gem. Ingwer

1 TL gem. Zimt

3 Eier

Topping

75 g Butter

150 g Zucker

60 g Honig

110 ml Sahne

1 TL gem. Zimt

50 g gehackte Pistazien

100 g gehackte Mandeln

150 g Mandelblättchen

50 g Zitronat

50 g Orangeat

50 g gehackte Belegkirschen

100 g Zartbitterschokolade (optional)

1. Backofen auf 160 °C Umluft vorheizen. Eine Springform einfetten.
2. Die Schokolade zusammen mit der Butter über einem Wasserbad schmelzen und dann etwas abkühlen lassen.
3. Zucker zufügen und unterrühren. Mehl, Kardamom, Anis, Ingwer und Zimt zugeben und verrühren. Eier einzeln unterschlagen. Den Teig in die Springform geben.
4. Für das Topping Butter, Zucker, Honig und Sahne in einem Topf aufkochen lassen und 10 Minuten einkochen. Zimt, Pistazien und Mandeln untermengen. Vom Herd nehmen und Zitronat, Orangeat und Belegkirschen unterrühren.
5. Die Mandelmischung auf dem Brownie-Teig verteilen und im Ofen 40 Minuten backen. Nach 20 Minuten mit Backpapier abdecken. Abkühlen lassen und in Stücke schneiden.
6. Wer es noch schokoladiger mag, lässt die Zartbitterschokolade über einem Wasserbad schmelzen und gießt diese über die abgekühlten Brownies.

Lebkuchen

ZUTATEN FÜR 36 STÜCK

- 6 Eier
- 400 g Zucker
- 2 TL Vanillezucker
- 240 g Haselnüsse
- 50 g Walnüsse
- 100 g Zitronat
- 100 g Orangeat
- 240 g gem. Haselnüsse
- Abrieb von 1 Bio-Zitrone
- Abrieb von 1 Bio-Orange
- 1 Pck. Lebkuchengewürz
- 36 runde Oblaten (Ø 7–8 cm)
- 400 g Vollmilch-Zartbitter und/oder weiße Kuvertüre

1. In einer Schüssel Eier, Zucker und Vanillezucker schaumig rühren. Haselnüsse, Walnüsse, Zitronat und Orangeat fein hacken und mit Haselnüssen, Zitronen- und Orangenabrieb sowie dem Lebkuchengewürz vermischen. Unter die Eier-Zucker-Masse rühren. Die Mischung 24 Stunden abgedeckt in den Kühlschrank stellen.
2. Den Backofen auf 200 °C Ober-/Unterhitze vorheizen.
3. Ein Backblech mit Backpapier auslegen, die Backoblaten auf dem Blech verteilen und je 1 TL Teig auf die Oblaten geben, dabei etwas Platz zum Rand lassen. Die Lebkuchen 13–15 Minuten backen.
4. Auf einem Kuchengitter auskühlen lassen.
5. Kuvertüre über einem Wasserbad schmelzen und die Lebkuchen mit Kuvertüre verzieren.

Schokomandeln

ZUTATEN FÜR 200 G

- 200 g ungeschälte Mandeln
- 60 g Schokolade
- 1 TL Lebkuchengewürz
- 5 EL Puderzucker

1. Backofen auf 180 °C Ober-/Unterhitze vorheizen.
2. Mandeln auf ein Backblech verteilen und 10 Minuten im Ofen rösten. Abkühlen lassen. Schokolade über einem Wasserbad schmelzen lassen und das Lebkuchengewürz unterrühren.
3. Mandeln zugeben und gut verrühren, sodass sie komplett mit Schokolade überzogen sind. Puderzucker in eine Schüssel mit verschließbarem Deckel geben und die Mandeln hinzufügen. Deckel schließen und schütteln. Die Mandeln auf einem Backpapier vollständig auskühlen lassen.

THANK
YOU

TIPP

Luftdicht verpackt mindestens 12 Monate haltbar.

Etwas Kardamom und/oder gemahlene Tonkabohne unterrühren.

Erdnusskrokant

Crunchy, süß und salzig. Buttrig und nussig … Lieblingskeks!

ZUTATEN
FÜR CA. 24 STÜCK

500 g Erdnüsse
6 TL Ahornsirup
400 g Zucker
2 TL Butter
etwas gem. Zimt
etwas gem. Ingwer
½ TL Backpulver
etwas Meersalz

1. Die Erdnüsse grob hacken und in einer beschichteten Pfanne ohne Fettzugabe kurz rösten. Vom Herd nehmen und zur Seite stellen.
2. Auf mittlerer Hitze Sirup, Zucker, Butter, Gewürze und 8 TL Wasser erhitzen. Die Masse so lange rühren, bis sie anfängt zu kochen. 5–8 Minuten köcheln lassen, bis sie leicht dunkel wird. Erdnüsse unterrühren. Mit einem Holzlöffel das Backpulver untermischen. Mit Meersalz besprenkeln. Die Masse auf Backpapier verteilen und abkühlen lassen.
3. In Stücke brechen und servieren.

Christstollen

ZUTATEN FÜR 1 STOLLEN

500 ml Milch
160 g frische Hefe
200 g Zucker
1 kg Mehl
500 g weiche Butter
1 Zitrone
¼ TL gem. Muskat
½ TL gem. Kardamom
5 g Salz
500 g Rosinen
150 g Korinthen
150 g Zitronat
150 g Orangeat
200 g gem. Mandeln
1 Tropfen Bittermandelaroma
Butter
Puderzucker

1. Alle Zutaten sollten die gleiche Zimmertemperatur haben.
2. Milch in einem Topf erwärmen, in eine Schüssel geben und die Hefe mit einem Schneebesen darin auflösen.
3. Salz und Zucker zugeben und alles gut verrühren.
4. Mehl in die Schüssel geben, alles gut verkneten.
5. Butter in einem Topf schmelzen, Zitronenschale abreiben. Butter, Zitronenabrieb zum Teig geben, verkneten und 1 Stunde an einem warmen Ort gehen lassen.
6. Muskat, Kardamom und Salz zum Hefeteig geben und gut verkneten.
7. Rosinen, Korinthen, Zitronat, Orangeat, gemahlene Mandeln und Bittermandelaroma zum Teig geben und so lange kneten, bis alle Zutaten gut vermengt sind.
8. Den Teig zu einer Kugel formen und nochmals 30 Minuten abgedeckt an einem warmen Ort gehen lassen, nochmals kurz kneten und nochmals 45 Minuten gehen lassen. Ein Backblech einfetten und den Teig zu einem Stollen formen oder in eine Stollen-Backform geben, abdecken und nochmals 30 Minuten gehen lassen. Den Ofen auf 160 °C Umluft vorheizen und den Stollen 60–70 Minuten backen lassen.

TIPP

Am besten schmeckt der Stollen, wenn du ihn abgekühlt in ein sauberes Geschirrtuch wickelst und ihn dunkel und verschlossen 6 Wochen aufbewahrst. Danach 150 g Butter verflüssigen und über den Stollen geben. Dann mit viel Puderzucker bestreuen.

Mara Hörner

Influencerin, Ehefrau, Mutter und Freundin
www.lifeisfullofgoodies.com

Weihnachten. Für mich die mit Abstand schönste Zeit im Jahr. Schon als Kind lag immer dieser wunderbare Zauber in der Luft. Die Vorfreude während der Adventszeit, die Weihnachtsdekoration, die Weihnachtsmärkte, der Weihnachtsbaum … Dann, an Heiligabend, freute man sich natürlich auf die Geschenke, aber schon damals auch auf das Zusammensein mit der Familie. Jedes Jahr holten wir im Laufe des Abends alte Fotoalben heraus, stöberten, erzählten und lachten. Und das machen wir heute noch so. Auch als Erwachsene finde ich diese Zeit im Jahr immer noch ganz besonders. Darum habe ich sogar in der Vorweihnachtszeit geheiratet.

Mittlerweile bin ich Mama von einem kleinen Sohn, sodass Weihnachten noch mal ganz neu auflebt und wir als Eltern versuchen, es unserem Junior genauso zauberhaft zu gestalten, damit auch er später einmal in guter Erinnerung davon erzählen kann.

DAS Weihnachtsmenü

An Weihnachten wird, sobald die Familie zusammenkommt, groß aufgefahren.

Da darf es dann auch ein 3-Gänge-Menü sein.

Der Klassiker

Vorspeise

Butternut-Suppe

Der Butternut-Kürbis hat einen eher buttrigen Geschmack mit leicht nussigem Aroma. Dazu passt ein Toast mit geschmolzenem Käse.

ZUTATEN FÜR 4 PORTIONEN

- 1 kg Fruchtfleisch vom Butternut-Kürbis
- 2 EL Öl
- 2 Zwiebeln
- 1 Knoblauchzehe
- 2 Stangen Staudensellerie
- 2 Karotte
- 1 ½ l Gemüsebrühe
- 200 ml Sahne
- 1 Prise Muskatnuss

1. Den Butternut-Kürbis schälen, halbieren, entkernen und in grobe Würfel schneiden
2. Öl in einem großen Topf erhitzen. Zwiebeln und Knoblauch schälen und fein hacken.
3. Zwiebeln und Knoblauch zugeben und 5 Minuten anschwitzen. Staudensellerie und Karotte würfeln.
4. Karottenwürfel, Staudensellerie und Kürbis zugeben und unter Rühren 5 Minuten anschwitzen.
5. Gemüsebrühe angießen und alles 20 Minuten kochen lassen, bis der Kürbis weich ist.
6. Sahne zugeben und nochmals 5 Minuten köcheln lassen.
7. Pürieren und mit Muskatnuss verfeinern.

TIPP

Ich habe dazu Brot mit Blauschimmelkäse gemacht, welches ich einfach im Kontaktgrill getoastet habe. Dazu Brotscheiben mit etwas Butter bestreichen und mit Blauschimmelkäse und etwas Mozzarella belegen und grillen. Das passt perfekt zur Suppe.

Der Klassiker
Hauptgang

Rouladen mit Kartoffelklößen und Rotkohl

Kartoffelklöße

ZUTATEN FÜR 8 STÜCK

800 g mehligkochende Kartoffeln

40 g Butter

2 Eier

¾ TL Salz

70 g Speisestärke

etwas Muskatnuss

1. Kartoffeln waschen und mit Schale in Salzwasser gar kochen. Noch heiß die Schale entfernen.
2. Backofen auf 170 °C Ober-/Unterhitze vorheizen.
3. Kartoffeln in eine Auflaufform geben und für 10–15 Minuten in den Ofen stellen. Herausnehmen und noch heiß in eine Schüssel geben und zerstampfen.
4. Butter in einem Topf schmelzen und Eier trennen. Butter, Eigelb, Salz, Speisestärke und Muskatnuss zu den Kartoffeln geben und zu einem Teig kneten.
5. 8 Klöße aus dem Teig formen, in einen Topf mit kochendem Salzwasser geben und 15 Minuten ziehen lassen. Die Klöße sind fertig, wenn sie an der Oberfläche schwimmen.

Rouladen

ZUTATEN FÜR 4 STÜCK

- 4 Scheiben Rinderrouladen
- 1 große Zwiebeln
- Salz
- Pfeffer
- 8 TL Senf
- 4 Scheiben Speck
- 1 EL Butter

1. Rouladen auf eine Arbeitsfläche legen und mit einer kleinen Pfanne oder einem Fleischklopfer dünn und gleichmäßig klopfen. Die Zwiebeln schälen und in dünne Scheiben schneiden. Rouladen auf ein Brett legen, mit Salz und Pfeffer würzen und mit je 2 TL Senf bestreichen. Speckscheiben und Zwiebelringe darauf verteilen.
2. Die Rouladen von der schmalen Seite einrollen und mit einem Zahnstocher feststecken oder mit Küchengarn festbinden. Die Butter in einem Schmortopf erhitzen, die Rouladen rundherum anbraten, wieder aus dem Topf nehmen und beiseite stellen.

Soße

ZUTATEN FÜR 4 PORTIONEN

- 100 g Karotten
- 80 g Petersilienwurzel
- 100 g Staudensellerie
- 100 g Lauch
- 3 EL Rapsöl
- 30 g Tomatenmark
- 180 ml trockener Rotwein
- 500 ml Rinderfond
- 90 g kalte Butter

1. Karotten und Petersilienwurzel waschen, schälen und in Würfel schneiden.
2. Staudensellerie und Lauch waschen und würfeln.
3. Das Öl in einen Schmortopf geben und das Gemüse anschwitzen. Tomatenmark dazugeben, alles braun anrösten und mit Rotwein ablöschen.
4. Den Rinderfond zugießen, Rouladen dazugeben und 60 Minuten in der Soße köcheln lassen. Rouladen in eine Auflaufform legen und im Ofen warm halten.
5. Die Flüssigkeit pürieren und einkochen lassen.
6. Butter zugeben und unterrühren, Rouladen wieder in den Topf legen, kurz aufkochen lassen und servieren.

Rotkohl

**ZUTATEN
FÜR 4 PORTIONEN**

800 g Rotkohl
1 rote Zwiebel
50 g Butter
1 EL Zucker
1 Apfel
3 Nelken
1 Lorbeerblatt
1 Zimtstange
1 EL Balsamico-Essig
200 ml Apfelsaft
Salz

1. Den Rotkohl waschen, die äußeren Blätter entfernen, vierteln und den Strunk entfernen. Den Kohl in feine Streifen schneiden.
2. Zwiebel schälen und in Würfel schneiden.
3. Butter in einen Topf geben, Zwiebel anschwitzen und mit dem Zucker karamellisieren.
4. Äpfel schälen, entkernen und in Würfel scheiden. Mit dem Kohl zu den Zwiebeln geben und kurz anbraten.
5. Nelken, Lorbeerblatt und Zimtstange in einen Beutel und dann in den Topf geben. Balsamico hinzufügen und mit Apfelsaft ablöschen. Mit Salz abschmecken.
6. Mit geschlossenem Deckel und gelegentlichem Umrühren ca. 40 Minuten köcheln lassen. Den Beutel nach dem Kochen entfernen.

TIPP

Rotkohl schmeckt am besten, wenn man ihn einen Tag vorher zubereitet, sodass er schön durchziehen kann.

Der Klassiker
Nachspeise

Kirsch-Zimtstern-Dessert

Ich liebe es, bereits im November mit der Zubereitung von Weihnachtsdesserts zu starten.

Am Ende weiß ich, wie das »Wettrennen« um das beste Dessert ausgehen wird: Es wird gar keines geben, weil ich bis dahin so viel probiert, gegessen und geschlemmt habe, dass ich mit meinem dicken Weihnachtsbauch am liebsten gar keinen Heiligabend haben will. Lieber bewegungsunfähig im Bett liegen und *Michel aus Lönneberga, Der kleine Lord, die Muppets-Weihnachtsgeschichte, Wir Kinder aus Bullerbü* und viele andere Filme gucken, denn Weihnachten ohne Pippi, Michel, Madita und Ronja Räubertochter ist kein Weihnachten.

ZUTATEN FÜR 6 GLÄSER (À CA. 300 ML)

- 1 Glas Kirschen (ca. 720 ml)
- 90 g Zucker
- ½ TL Zimt
- 1 Prise Kardamom
- 1 EL Speisestärke
- 200 g Zimtsterne
- 200 ml Sahne
- 250 g Mascarpone
- 250 g Magerquark

1. Die Kirschen abtropfen lassen und den Saft auffangen. 1 EL Saft zur Seite stellen. Restlichen Saft mit 10 g Zucker, Zimt und Kardamom in einem Topf aufkochen lassen.
2. Speisestärke mit 3 EL Wasser verrühren, zum Kirschsaft geben und verrühren.
3. Die Masse, bis auf ¼ für die Dekoration, in Gläser füllen und abkühlen lassen.
4. Zimtsterne auf die Gläser verteilen (oder etwas zerbröseln und dann verteilen).
5. Sahne steif schlagen.
6. Mascarpone, Quark, restlichen Zucker und den übrigen Kirschsaft verrühren. Sahne unterheben und verrühren.
7. Die Masse in einen Spritzbeutel mit Sterntülle füllen und auf die Gläser verteilen. Die restlichen Kirschen darübergeben und servieren.

TIPP

Dazu passen vegetarische Falafel-Bällchen.

Das vegetarische Menü
Vorspeise

Fondue-Suppe

**ZUTATEN
FÜR 4 PORTIONEN**

- 4 Zwiebeln
- 1 EL Öl
- 1 EL brauner Zucker
- 2 EL Mehl
- 500 ml trockener Weißwein
- 500 ml Gemüsebrühe
- 50 g Kräuterfrischkäse
- 1 EL Butter
- Salz
- Pfeffer
- ½ TL Paprikapulver
- 30 g Appenzeller, gerieben
- 30 g Gruyère. gerieben
- etwas Kresse
- ½ Bund Radieschen

1. Zwiebeln schälen, in Ringe schneiden und das Öl in einem Topf erhitzen.
2. Zwiebelringe darin 10 Minuten andünsten, mit braunem Zucker bestreuen und karamellisieren lassen.
3. 2 EL Mehl darüber geben und anschwitzen lassen. Mit Weißwein und Brühe angießen, aufkochen und 15 Minuten köcheln lassen.
4. Frischkäse und geriebenen Käse in den Topf geben und unter Rühren schmelzen lassen.
5. Suppe aufkochen lassen und pürieren.
6. Mit Salz und Pfeffer abschmecken. Radieschen waschen und in Scheiben schneiden.
7. Suppe aufteilen und mit Radieschen und Kresse bestreuen.

Das vegetarische Menü
Hauptspeise

Pasta mit frittierten Birnen

ZUTATEN FÜR 4 PORTIONEN

- 2 kleine Schalotten
- 2 Birnen
- 200 g Pasta
- 3 EL Olivenöl
- 100 ml Sojacreme
- Salz
- schwarzer Pfeffer aus der Mühle
- ½ Bund Dill
- Kerne von ½ Granatapfel

1. Schalotten enthäuten und sehr fein würfeln. Birnen waschen und in ½ cm dicke Scheiben schneiden.
2. Die Pasta in kochendem Salzwasser nach Packungsanleitung garen.
3. Inzwischen Öl in die Pfanne geben. Schalotten darin bei mittlerer Hitze 5 Minuten unter Rühren dünsten, dann herausnehmen und zur Seite stellen. Im restlichen Öl die Birnenscheiben goldbraun frittieren, dann herausnehmen und auf Küchenpapier abtropfen lassen.
4. Sojacreme in die Pfanne geben und 2 Minuten cremig einkochen lassen, mit Salz und Pfeffer würzen. Dill waschen, fein hacken und zugeben.
5. Pasta abgießen und gut abtropfen lassen. Zusammen mit den Schalotten in die Soße geben. Alles gründlich mischen und nach Belieben mit frisch gemahlenem Pfeffer, Birnenscheiben und Granatapfelkernen servieren.

Das vegetarische Menü

Nachspeise

Lebkuchen-Brownies

ZUTATEN FÜR 1 ECKIGE SPRINGFORM (20 X 20 CM)

- 250 g Butter
- 200 g Zartbitter-schokolade
- 4 Eier
- 200 g Mehl
- ½ TL Backpulver
- 130 g brauner Zucker
- 200 g Zucker
- 30 g Kakaopulver, ungesüßt
- 2 TL Lebkuchengewürz
- 2 Eiweiß
- 50 g Puderzucker

1. Backofen auf 170 °C Umluft vorheizen und eine Springform einfetten.
2. Butter zusammen mit der Schokolade über einem Wasserbad schmelzen lassen.
3. Schokoladenmasse etwas abkühlen lassen und die Eier langsam unterrühren.
4. Mehl mit dem Backpulver vermengen.
5. Mehlmischung, Zucker, Kakaopulver und Lebkuchengewürz zur Buttermischung geben und kurz unterrühren.
6. Im Ofen 25 Minuten backen.
7. Abkühlen lassen und in Stücke schneiden.
8. Für die Baiserschicht das Eiweiß steif schlagen, dabei den Puderzucker langsam unterrühren.
9. Baisermasse in einen Spritzbeutel geben und auf die Brownies spritzen. Mit einem Bunsenbrenner abflämmen.

Das vegane Menü
Vorspeise

Feldsalat mit Birne, Walnuss und Orangendressing

**ZUTATEN
FÜR 4 PORTIONEN**

400 g Feldsalat
1 Granatapfel
2 Birnen
1 Bio-Orange
6 EL Olivenöl
2 TL mittelscharfer Senf
3 EL Weißweinessig
2 TL Agavendicksaft
Salz
Pfeffer
100 g Walnüsse

1. Feldsalat in ein Sieb geben, waschen und abtropfen lassen.
2. Granatapfel entkernen, Birnen waschen und in Spalten schneiden.
3. Orangeschale fein reiben, Saft auspressen und mit Olivenöl, Senf, Weißweinessig, Agavendicksaft, Salz und Pfeffer zu einem Dressing verrühren.
4. Walnüsse grob hacken. Den Salat auf Teller verteilen und mit Birnen, Granatapfel und Walnüssen garnieren. Kurz vor dem Servieren das Orangendressing darübergeben.

Das vegane Menü
Hauptspeise

Veganes Gulasch mit Pfannenknödeln und Winter-Rotkraut

Pfannenknödel

ZUTATEN FÜR 12 KNÖDEL

200 g Brötchen
1 Zwiebel
15 g Petersilie
400 ml pflanzliche Milch
50 g Mehl
1 Prise Muskat
Salz
Pfeffer
Sonnenblumenöl

1. Brötchen klein schneiden, Zwiebel schälen und klein schneiden, Petersilie waschen und fein hacken.
2. Pflanzenmilch in einem Topf erwärmen. In einer Schüssel Brötchenwürfel, Zwiebel, Petersilie, Mehl und Milch gut verkneten, mit Muskat, Salz und Pfeffer abschmecken. Aus dem Teig handgroße, flache Klöße formen. In einer Pfanne mit Öl 5 Minuten von beiden Seiten braten.

Winter-Rotkraut

ZUTATEN FÜR 4 PORTIONEN

- 500 g Rotkohl
- 100 g Apfel
- 30 ml Apfelessig
- 15 ml Ahornsirup
- 2 Nelken
- 2 Wacholderbeeren
- 1 Lorbeerblatt
- 60 ml Wasser
- 2 TL Salz

1. Den Rotkohl waschen und die äußeren Blätter entfernen. Halbieren, um den Strunk zu entfernen, in feine Streifen schneiden oder hobeln. In einer großen Schüssel kaltes Wasser mit Salz vermischen, die Rotkohlstreifen darin kurz waschen, in einem Sieb abtropfen lassen und in einen großen Topf geben.
2. Apfel waschen, entkernen und in Stücke schneiden. Apfelstücke, Apfelessig und Ahornsirup in den Topf geben und mit dem Rotkraut vermischen.
3. Nelken, Wacholderbeeren und Lorbeerblatt in einen Beutel oder Gewürznetz geben und zum Rotkohl legen.
4. Wasser und Salz hinzufügen, auf mittlerer Hitze 30–40 Minuten köcheln lassen. Den Gewürzbeutel wieder entfernen.

Veganes Gulasch

ZUTATEN FÜR 4 PORTIONEN

- 6 Gewürzgurken
- 150 g Soja-Medaillons oder Soja-Schnetzel
- 700 ml Gemüsebrühe
- Salz
- Pfeffer
- 3 EL Senf
- 3–4 EL pflanzliches Öl
- 1 Zwiebel
- 3 EL Mehl
- 3 EL Tomatenmark
- 200 ml veganer Rotwein

1. Gewürzgurken abseihen und 50 ml Gurkenwasser auffangen. Soja-Medaillons in eine Schüssel geben und mit 200 ml heißer Gemüsebrühe übergießen.
2. 10 Minuten ziehen lassen, Brühe abgießen und das überschüssige Wasser aus den Soja-Medaillons drücken. In einer Schüssel Soja-Medaillons mit Salz, Pfeffer und Senf marinieren.
3. In einer Pfanne etwas Öl erhitzen und die Soja-Medaillons von beiden Seiten anbraten.
4. Zwiebel schälen und in Würfel schneiden, Gurken klein schneiden. Beides in die Pfanne geben und 5 Minuten mit dem Soja braten.
5. Mehl und Tomatenmark verrühren, in die Pfanne geben und 3 Minuten mit anbraten bis das Tomatenmark etwas bräunlich wird. Dann mit 500 ml Gemüsebrühe ablöschen und gut verrühren, damit keine Klumpen entstehen. Rotwein und Gurkenwasser zugeben und einköcheln lassen. Mit Salz und Pfeffer würzen und 15 Minuten köcheln lassen.

Das vegane Menü
Nachspeise

Lebkuchen-Mousse

ZUTATEN FÜR 4 PORTIONEN

- 3 EL Espresso
- 200 g Zartbitter-schokolade
- 400 g Seidentofu
- 6 EL Hafermilch
- 3 Päckchen Vanillezucker
- 2 TL Lebkuchengewürz
- 200 ml Glühwein
- 3 EL Zucker
- ¼ TL Zimt
- 200 g Schattenmorellen
- 1 EL Kartoffelstärke

1. Espresso kochen. Schokolade in kleine Stücke schneiden und mit dem Espresso über einem Wasserbad schmelzen lassen.
2. In einer Schale Tofu, Hafermilch, Vanillezucker und Lebkuchengewürz mit einem Pürierstab pürieren. Mit der geschmolzenen Schokolade vermengen und kühl stellen.
3. In einem Topf Glühwein, Zucker und Zimt erhitzen und 5 Minuten köcheln lassen.
4. Schattenmorellen abgießen und den Saft auffangen. 3–4 EL Saft mit Kartoffelstärke verrühren, zum kochenden Glühwein geben und verrühren. Kirschen dazu geben und etwas abkühlen lassen. In einem Glas die Lebkuchen-Mousse mit den Glühweinkirschen schichten und servieren.

Das Gefühl

Was ist denn nun mit dem Gefühl? Weihnachten ist doch ein Gefühl, oder? Für mich auf jeden Fall, denn auch wenn Weihnachten eigentlich ein christliches Fest ist, bleibt es ein Fest für alle, egal, welcher Religion man angehört. Ich kann heute Weihnachten in meiner Lieblingsstadt Marrakech verbringen oder im Dom zu Fulda stehen und dem Chorgesang »Stille Nacht – heilige Nacht« lauschen, während das Licht ausgeht und nur die Kerzen brennen. Ich mag beides, denn es kommt mir in dem Moment darauf an, an was und an wen ich denke und welches Gefühl dabei entsteht. *Christmas is a feeling ...* egal, wo du bist.

Wusstest du, dass der Christbaumschmuck meist in Ländern wie China hergestellt wird? Mittlerweile gibt es auch tollen Baumschmuck aus Peru und Indien, der unter fairen Bedingungen hergestellt wird.

In Indien feiern nicht viele Leute Weihnachten, da die meisten dem Hinduismus angehören. Die Christen in Indien dekorieren ihre Häuser und Kirchen mit buntem Krepppapier. Wäre doch auch was für uns, oder?

In Peru gibt es an Heiligabend sogar ein großes Feuerwerk.

In der Ukraine wird meistens Heiligabend nicht wie bei uns am 24. Dezember gefeiert, sondern am 6. Januar. Am Abend stehen 12 verschiedene Gerichte auf dem Tisch, die Zahl soll an die 12 Apostel erinnern. Das könnte mir auch gefallen. Die Geschenke bringt dort Väterchen Frost am 31. Dezember.

Und in Korea wird Weihnachten gar nicht in der Familie gefeiert, sondern in Gemeinden. Dort wird in der Kirche gemeinsam gegessen, und die Jugendlichen übernachten sogar in der Kirche.

Auch im Libanon feiert man Weihnachten ganz groß. Am 25. Dezember gibt es meist ein Festmahl mit Hühnchen und Reis.

Wie du siehst, wird Weihnachten fast überall gefeiert. Eben nur unterschiedlich. Doch egal wie, das Gefühl ist das gleiche.

Was schön wäre? Einfach mal die verschiedenen Bräuche vermischen. Ich mag die Idee, dass die Kirchen mit Krepppapier dekoriert werden und dass die Jugendlichen in der Kirche schlafen.

Weihnachtsrezepte RUND UM DEN ERDBALL

Über den Tellerrand schauen ... auch zu Weihnachten, denn dieses Fest feiern Christen überall auf der Welt, wenn auch sehr unterschiedlich. Während die religiöse Bedeutung des Weihnachtfestes immer mehr in den Hintergrund rückt, ist es dennoch das wichtigste (kulinarische) Familienfest des Jahres.

Casadiella

Die Casadiella ist ein typisches Dessert aus Asturien, das bei keinem Weihnachtsfest fehlen darf.

ZUTATEN FÜR CA.12 STÜCK

200 g Walnüsse
1 Ei
150 g Puderzucker
20 ml süßer Anislikör
1 Rolle Blätterteig
Speiseöl zum Braten
250 g Zucker

1. Walnüsse in einem Mixer zerkleinern, Ei trennen und das Eigelb zu den Walnüssen geben. Puderzucker und Anislikör hinzufügen und alles solange verrühren, bis eine cremige Paste entsteht. Blätterteig mit dem Nudelholz dünn ausrollen, in Vierecke oder Rechtecke schneiden.
2. Nussfüllung auf die Blätterteigecken geben und einrollen. Die Enden mit etwas Wasser befeuchten und mit einer Gabel verschließen. Eine Pfanne mit Öl erhitzen und die Casadielles nacheinander goldbraun anbraten. Dabei ständig wenden, damit sie nicht anbrennen.
3. Aus der Pfanne nehmen, auf einem Küchenpapier abtropfen lassen und in Zucker wälzen.

Armando, Barcelona:

Navidad es para mí la fiesta de la esperanza y de la alegría.

(Weihnachten ist für mich das Fest der Hoffnung und Freude.)

Spekulatius-Profiteroles

(Profiteroles sind französische Brandteigkugeln mit einer süßen Füllung)

Dann back ich mir halt einen Tannenbaum. Ja, das ist durchaus trotzig gemeint. Denn im vergangenen Jahr habe ich beschlossen, keinen Baum von seinen Wurzeln zu trennen, um ihn dann ein paar Wochen später zu entsorgen. Dann muss eben ein künstlicher Tannenbaum her, der mich auch als Hundertjähriger noch am Weihnachtsfest beeindrucken kann. Und da hatten wir schon das Problem: Ich wollte einen, der nicht nur echt aussieht, sondern jeden der 62 Weihnachtsbäume überschattet, die Melania Trump aufgestellt hatte. Das haben sich wohl viele andere auch gedacht. Mein auserwählter Baum ist ausverkauft, die zweite Wahl (der auch immerhin noch einige hundert Euro kosten soll) ebenfalls. Tja, so hatte ich eben keinen Baum. Da kann man auch mal auf die Idee kommen, aus kleinen »Windbeuteln« einen Tannenbaum zu basteln, oder?

ZUTATEN FÜR 20 STÜCK

Füllung

200 g Gewürzspekulatius

550 ml Sahne

½ TL Zimt

50 g weiche Butter

2 TL Spekulatiusgewürz

2 TL brauner Zucker

1. Für die Füllung die Kekse in einer Küchenmaschine fein mahlen. 150 ml Sahne zugeben und verrühren. Zimt, Butter, Spekulatiusgewürz und Zucker zugeben, verrühren und zur Seite stellen.
2. Für den Teig das Mehl sieben und mit Salz vermengen.
3. Butter mit 200 ml Wasser zum Kochen bringen, bis die Butter geschmolzen ist.
4. Die Mehlmischung hinzugeben und mit einem Holzlöffel unterrühren, bis sich alles verbunden hat und der Teig zu einer Kugel geformt ist. Den

TIPP

Wer keine Fülltülle hat, kann die Profiterols auch mittig aufschneiden und die Spekulatiusfüllung zwischen die Hälften spritzen.

Und wer unbedingt auch einen Weihnachtsbaum machen will, der muss das Rezept verdreifachen und eine Glasur aus Puderzucker und etwas Zitronensaft anfertigen, um die Profiterols zusammenzukleben.

Übrigens schmeckt die Spekulatius-Creme auch perfekt als Brotaufstrich.

Teig

100 g Mehl

1 Prise Salz

85 g Butter

3 Eier

Teig in eine Schüssel geben und die Eier nach und nach unterrühren.

5. Backofen auf 200 °C Ober-/Unterhitze vorheizen und 2 Backbleche mit Backpapier auslegen.

6. Den Teig in einen Spritzbeutel füllen (eine Tülle ist nicht erforderlich) und walnussgroße Kugeln auf das Backpapier spritzen. Mit feuchten Fingern die Spitzen etwas plätten und im Ofen 25 Minuten backen.

7. Auskühlen lassen. Für die Füllung die restliche Sahne steif schlagen und die Spekulatiuscreme und Zimt unterrühren. Die Creme in einen Spritzbeutel mit einer Fülltülle geben und in die Profiterols spritzen.

Marianne, Sandnes:

For meg så er julaften lukten av pinnekjøtt i hele huset, lyden av julefilmer på tv, og gleden av å være sammen med mine nærmeste.

(Weihnachten ist für mich der Geruch von Pinnekjøtt [Lammrippe] in der Luft, Weihnachtsfilme im Fernsehen und die Freude mit den Lieben.)

Serinakaker

Diese buttrigen Kekse aus Norwegen sind zu Weihnachten in jeder norwegischen Keksdose zu finden.

ZUTATEN FÜR 60 STÜCK

- 270 g gesalzene weiche Butter
- ½ TL Backpulver
- ½ TL grobes Salz
- 500 g Mehl
- 300 g Zucker
- 2 TL Vanilleextrakt
- ½ TL Mandelextrakt
- 3 Eier
- 40 g gehackte Mandeln

1. Den Ofen auf 180 °C Ober-/Unterhitze vorheizen und zwei Bleche mit Backpapier auslegen.
2. In einer Schüssel Butter, Backpulver, Salz und Mehl vermengen.
3. Zucker, Vanille- und Mandelextrakt dazugeben und gut verrühren. 2 Eier nach und nach unterrühren.
4. Den Teig zu kleinen Kugeln formen. Die Kugeln auf das Backblech legen und mit dem Daumen etwas eindrücken.
5. Restliches Ei verquirlen, Teig damit bestreichen und mit Mandeln bestreuen.
6. 15 Minuten im Backofen backen, bis sie gerade beginnen, braun zu werden.

Risalamande

Ein Weihnachtsfest in Dänemark ist ohne Risalamande, dem süßen Mandelmilchreis, undenkbar. Traditionell wird eine ganze Mandel darin versteckt. Wer sie findet, bekommt ein kleines Geschenk.

ZUTATEN FÜR 4 PORTIONEN

- 500 g Milch
- 1 Prise Salz
- 1 EL Mandelmus
- 110 g Milchreis
- 50 g gehackte Mandeln
- 200 g Sahne
- 50 g Vanillezucker
- 4 EL Kirschkompott

1. In einem Topf Milch, Salz, Mandelmus und Milchreis garen und abkühlen lassen.
2. Mandeln und Vanillezucker mischen und unter den abgekühlten Milchreis heben.
3. Sahne steif schlagen und ebenfalls vorsichtig unterheben.
4. In Gläser füllen und mit Kirschkompott servieren.

Theis, Silkeborg:

Julen for mig er tændte stearinlys og hjemmebagte pebernødder. Følelsen af at sidde om tv'et med søskende og gense Jul i Valhal for syttende gang.

(Weihnachten ist für mich brennende Kerzen und selbst gemachte Pfeffernüsse. Das Gefühl, mit den Geschwistern vorm Fernseher zu sitzen und Jul i Valhal [dänischer Fernseh-Adventskalender] zum siebzehnten Mal anzuschauen.)

Vanillekipferl

Vanillekipferl sind ein traditionelles deutsch-österreichisch-böhmisches Weihnachtsgebäck.

ZUTATEN FÜR 1 BACKBLECH

280 g Mehl
200 g Butter
100 g gem. Walnüsse
80 g Puderzucker
1 Pck. Vanillezucker

1. In einer Schüssel Mehl, Butter, Walnüsse, Puderzucker und Vanillezucker zu einem glatten Teig kneten, in Folie einwickeln und 2 Stunden ruhen lassen.
2. Backofen auf 170 °C Umluft vorheizen.
3. Teig in gleich große Stücke aufteilen und zu 11 cm langen und 2 cm dicken Rollen formen. Diese in kleine Stücke schneiden.
4. Teig zu Kipferln formen. Auf ein Blech mit Backpapier legen und 15 Minuten backen. Vanille- und Puderzucker vermischen und auf die heißen Kipferln streuen.

Sieglinde, Erlangen:

Zu Weihnachten kommt die große Familie zusammen, es wird gesungen, ein Theaterstück aufgeführt und zuletzt gibt es endlich die Geschenke!

Mákos Guba

Die überbackenen Butterhörnchen aus Ungarn haben einen wichtigen Platz unter den ungarischen Volkstraditionen und sind im Advent sehr beliebt.

ZUTATEN FÜR 4 PORTIONEN

- 10 getrocknete Croissants
- 1 l Milch
- 1 Pck. Vanillezucker
- 4 EL Honig
- 50 g Butter
- 70 g gem. Mohn
- 70 g Puderzucker

1. Backofen auf 175 °C Ober-/Unterhitze vorheizen.
2. Croissants in 1 cm dicke Scheiben schneiden.
3. Milch mit Vanillezucker, Honig und Butter in einem Topf aufkochen.
4. Die Croissantscheiben in eine Auflaufform legen und mit Mohn bestreuen, bei Bedarf übereinanderschichten. Milch zugießen und im Ofen 20 Minuten backen.
5. Mit Puderzucker bestäuben und servieren.

Matt, Budapest:

A karácsonyfa a szobát kellemes illattal árasztja el, ami a családi együttlétet még meghatóbbá teszi!

(Der Weihnachtsbaum erfüllt den Raum mit schönen Düften, was das Beisammensein mit der Familie noch besonderer macht!)

Makówki

Diese schlesische Weihnachtsspeise kann man wunderbar in Gläsern servieren.

ZUTATEN FÜR 6 PORTIONEN

1 l Milch
1 EL Butter
500 g gem. Mohn
80 g Walnüsse
8 EL Honig
20 ml Rum
40 ml Amaretto
1 TL Zimt
100 g Rosinen
80 g gem. Mandeln
400 g Zwieback
2 EL Kokosraspeln
1 EL Mandelblättchen

1. In einem großen Topf Milch und Butter zum Kochen bringen, mit einem Löffel den Mohn einrühren.
2. Walnüsse fein hacken in den Topf geben.
3. Honig, Rum, Amaretto, Zimt, Rosinen und Mandeln unter ständigem Rühren dazugeben und auf kleiner Hitze 15 Minuten köcheln lassen.
4. Die Mohnmasse abwechselnd mit Zwieback in Gläser schichten und mit Kokosraspeln und Mandelblättchen dekorieren.

Anton und Marian, Kluczbork (Kreuzburg):

Schlittenfahren mit dem Hund im hohen Schnee und schlesische Weihnachtsgeschichten auf einer Schallplatte: Das war Weihnachten für uns.

Piernik

Ein weihnachtlicher Gewürzkuchen aus Polen.

ZUTATEN FÜR 1 BLECH

- 100 g Butter
- 2 EL Honig
- 250 ml Milch
- 3 Eier
- 2 EL Kakaopulver
- 2 EL Lebkuchengewürz
- 200 g Mehl
- 200 g Zucker
- 1 TL Backpulver
- 1 TL Natron
- 300 g Johannisbeerkonfitüre
- 1 Packung dunkle Kuchenglasur

1. Backofen auf 160 °C Umluft vorheizen.
2. In einem Topf bei kleiner Hitze Butter und Honig schmelzen lassen. Milch und Eier vermengen, die flüssige Butter dazugeben und verrühren.
3. Kakaopulver, Lebkuchengewürz, Mehl, Zucker, Backpulver und Natron vermischen und die Butter-Milch-Masse dazugeben. Alles zu einem geschmeidigen Teig rühren.
4. Ein Backblech mit Backpapier auslegen und den Teig aufs Backblech geben. Für 25–30 Minuten backen, abkühlen lassen. Den abgekühlten Kuchen längs durchschneiden, den Boden mit Johannisbeerkonfitüre bestreichen, Deckel wieder auflegen. Kuchenglasur im Wasserbad erhitzen und auf dem Kuchen verteilen. Die Glasur trocknen lassen und den Kuchen in kleine Stücke schneiden.

Jagoda, Grudziądz:

GOŚC w DOM – BÓG w DOM! Przy wigilijnym stole dodatkowo jest jedno miejsce dla gościa nakryte.

(Der Gast ist so herzlich willkommen wie Gott! Deswegen wird ein Platz am Weihnachtstisch zusätzlich gedeckt für den Gast.)

Melomakarona

Melomakarona sind traditionelle griechische Weihnachtsplätzchen.

ZUTATEN FÜR 25 STÜCK

1 Orange
200 ml Wasser
300 g Zucker
1 TL Zimt
70 g Honig
100 g Walnüsse
200 ml Olivenöl
100 ml Orangensaft
½ TL Zimt
1 Msp. Nelkenpulver
2 TL Backpulver
500 g Mehl
50 g Zucker

1. Die Schale von der Orange abreiben, in einen Topf geben und mit Wasser, Zucker und Zimt zum Kochen bringen. Circa 1 Minute köcheln lassen.
2. Sirup vom Herd nehmen und in die heiße Flüssigkeit den Honig geben. Umrühren und abkühlen lassen. Walnüsse grob hacken.
3. Olivenöl, Orangensaft, Zimt, Nelken und Backpulver miteinander verrühren.
4. Mehl und Zucker dazugeben und auf niedrigster Stufe miteinander verrühren, bis alles gleichmäßig vermengt ist.
5. Den Backofen auf 180 °C Umluft vorheizen.
6. Backblech mit Backpapier auslegen.
7. Aus dem Teig 25 Kekse formen (nicht kneten) und aufs Backblech legen. Mit der Gabel Löcher hineinstechen und 25 Minuten im Ofen backen. Die heißen Melomakarona in den Sirup tauchen, auf ein Kuchengitter legen, mit den Walnüssen bestreuen und abkühlen lassen.

Ioannis, Thessaloniki:

Είναι πάνω απ‘ όλα η γιορτή της αγάπης και της οικογένειας. Είναι να χαρίσω ευτυχία και χαρά.

(Es ist vor allem das Fest der Liebe und der Familie. Man verbreitet Glück und Freude.)

Brigadeiro

Brigadeiro, eine Art Trüffelpraline, gehört zu den Spezialitäten der brasilianischen Küche.

ZUTATEN FÜR 10 STÜCK

400 ml Kondensmilch

1 EL Butter

5 EL Kakaopulver

3 EL Schokoladenstreusel

1. In einen Topf Kondensmilch mit Butter geben, auf niedriger Hitze erhitzen und miteinander verrühren. Kakaopulver dazugeben. Unter ständigem Rühren die Masse erhitzen, bis sie Blasen wirft. Abkühlen lassen.
2. Die zähe Masse zu kleinen Kugeln formen, in Schokoladenstreuseln wälzen und in Pralinenförmchen legen.

Sophia, São Paulo:

Para mim, natal é o momento perfeito para disfrutar de momentos únicos em familia.

(Für mich ist Weihnachten der perfekte Moment, um einzigartige Augenblicke mit der Familie zu teilen.)

Lebkuchen-Muffins

Die US-amerikanischen Muffins gibt es besonders in der Weihnachtszeit in vielen tollen Geschmacksrichtungen. Mit wenigen Gewürzen wird der amerikanische Klassiker zum perfekten kleinen Weihnachtskuchen.

Mit diesen Lebkuchen-Muffins kann ich meine Gelüste nach weihnachtlichen Gewürzen befriedigen. Sie sind besonders leicht und innen schön feucht mit wärmendem Zimt, Kardamom und süßem Honig. Passt zum Frühstück, aber auch als Nachmittagssnack mit einem Caffè Latte.

ZUTATEN FÜR 12 STÜCK
12ER-MUFFINFORM

150 g Honig
80 g brauner Zucker
80 g Butter
250 g Mehl
2 TL Backpulver
2 TL Lebkuchengewürz
3 EL Backkakao
2 Eier
250 g Mascarpone
200 g Frischkäse
1 Pck. Vanillezucker

1. Backofen auf 180 °C Ober-/Unterhitze vorheizen und eine Muffinform leicht einfetten.
2. Honig, Zucker und Butter in einen Topf geben und unter Rühren erwärmen, bis die Butter geschmolzen ist und sich alles verbunden hat. Leicht abkühlen lassen.
3. Mehl, Backpulver, Lebkuchengewürz und 2 TL Kakao vermengen und unter die Buttermischung rühren. Nach und nach Eier untermischen.
4. Im Ofen 20–25 Minuten backen, aus der Form nehmen und abkühlen lassen.
5. Mascarpone, Frischkäse und Vanillezucker kurz verrühren und in einen Spritzbeutel füllen. Creme auf die Muffins spritzen und mit etwas Kakao bestäuben

TIPP

Du möchtest dein Lebkuchengewürz selbst machen? Ganz einfach:

35 g Zimt, 8 g Nelkenpulver, 1 TL Piment mit 2 TL Muskatnuss, 2 TL gemahlenem Kardamom , ½ TL gemahlenem Ingwer und 1 TL Anis vermengen und luftdicht verschließen. Ganz besonders lecker wird die Mischung, wenn du noch 1 g Muskatblüte und gemahlenen Koriander zugibst.

Oliebollen-Kuchen

Kennst du die niederländischen Oliebollen? Ich liebe die frittierten Hefeteigkugeln mit Apfelwürfeln und/oder Rosinen. Da wurde es mal Zeit, den Oliebollen einen eigenen Kuchen zu widmen – hier ganz ohne Frittieren.

ZUTATEN FÜR 1 KASTENFORM (CA. 20 X 13 CM)

2 Äpfel
1 TL Zimt
350 g Mehl
1 ½ TL Zitronensaft
330 ml warme Milch
25 g Butter
1 Ei
200 g Zucker
5 g Salz
1 Pck. Trockenhefe
Rosinen (optional)

1. Die Äpfel waschen, entkernen und in Würfel schneiden.
2. Hefe in der warmen Milch unter Rühren auflösen.
3. Mehl, Salz, Zimt und Zucker vermengen. Hefemilch zur Mehlmischung geben und verrühren.
4. Zitronensaft, Butter und Ei unterrühren. Apfelwürfel mit etwas Mehl vermengen und (zusammen mit den Rosinen) unter den Teig kneten. Den Teig in die Kastenform geben und zugedeckt 30 Minuten gehen lassen. Backofen auf 200 °C Ober-/Unterhitze vorheizen. Den Kuchen im Ofen 25–30 Minuten goldbraun backen.
5. Vor dem Servieren mit Puderzucker bestäuben.

Wieneke, Utrecht:

Voor mij betekent kerst gezelligheid en samenzijn met familie. En mezelf compleet volproppen met een heerlijk kerstdiner.

(Weihnachten bedeutet für mich Gemütlichkeit und Beisammensein mit der Familie. Und mich mit einem herrlichen Festmahl vollstopfen!)

Mini-Panettone

Magst du Panettone? Ein ganz traditionelle Backware aus Mailand. Ich liebe sie ... aber nur, wenn sie innen schön saftig und locker ist. Daher gibt es jetzt das beste Panettone Rezept »ever«. Innen schön fluffig, leicht feucht und weihnachtlich. Außerdem sind diese kleinen Kuchen nicht nur köstlich, sie sind auch super hübsch!

ZUTATEN FÜR 6 STÜCK

- 1 Würfel Hefe
- 4 EL Milch
- 100 g Zucker
- 250 g Butter, Zimmertemperatur
- 5 Eier
- 2 TL Vanilleextrakt
- abgeriebene Schale von 1 Bio-Orange
- abgeriebene Schale von 1 Bio-Zitrone
- 500 g Mehl
- 100 g Rosinen
- 5 EL Rum
- 50 g Zitronat
- 50 g Orangeat
- 1 Eiweiß
- 1 EL Puderzucker
- 1 Prise Salz

1. 6 Förmchen etwas einfetten. Milch erwärmen und die Hefe darin mit 1 TL Zucker verrühren und 5 Minuten gehen lassen. Zucker und Butter schaumig schlagen. Zitronen- und Orangenschale und Vanille zugeben und unterrühren.Eier nach und nach unterrühren.

2. Mehl und Salz in einer Schüssel vermengen, Hefemischung langsam unterrühren und verkneten. Auf einer bemehlten Arbeitsfläche den Teig 10 Minuten durchkneten, zu einer Kugel formen und zugedeckt 2 Stunden ruhen lassen. In der Zwischenzeit den Rum und die Rosinen in einen kleinen Topf geben und bei mittlerer Hitze unter Rühren 10 Minuten köcheln lassen, dann auskühlen lassen. Teig durchkneten und Rosinen, Zitronat und Orangeat untermengen.

3. Teig zu 6 Kugel formen und in die Förmchen geben, mit Frischhaltefolie abdecken und 1 Stunde gehen lassen.

4. Backofen auf 180 °C vorheizen und die Panettone im Ofen 45 Minuten backen, dann etwas auskühlen lassen und aus der Form nehmen. Für die Glasur Puderzucker und Eiweiß vermengen und mit einem Spritzbeutel auf die Panettone spritzen.

TIPP

Wer keinen Vanilleextrakt zur Hand hat, kann auch 3 Päckchen Vanillezucker nehmen und ggf. die Zuckermenge reduzieren. Ich backe meine Panettone in einem 12er-Mini-Törtchen-Backblech, das ich für viele andere Törtchen auch verwenden kann.

WÄRMENDE GETRÄNKE *zu Weihnachten*

Gerade in der Vorweihnachtszeit macht es unglaublich viel Spaß, tolle weihnachtliche Getränke, abseits vom Weihnachtsmarkt, zu Hause auszuprobieren. Besonders wenn es draußen kalt und ungemütlich ist, brauchen wir etwas, das uns von innen wärmt.

Roter Glühwein

ZUTATEN FÜR 1 L

- 1 Bio-Zitrone
- 1 Bio-Orange
- 1 l Rotwein
- 3 Zimtstangen
- 6 Gewürznelken
- 4 EL Zucker

1. Schale von Zitrone und Orange abreiben.
2. Rotwein, Zitronen- und Orangenzesten, Gewürze und Zucker in einen Topf geben. Zugedeckt erhitzen. Eine Stunde ziehen lassen, dabei darauf achten, dass die Flüssigkeit nicht kocht. Vom Herd nehmen und nochmals eine halbe Stunde ziehen lassen. Durch ein Sieb gießen.

Weißer Glühwein

ZUTATEN FÜR 2 ½ L

- 1 Bio-Orange
- 4 Gewürznelken
- 80 ml Rum
- 4 EL weißer Kandiszucker
- 1½ l Weißwein
- 1 l Orangensaft

1. Orangen heiß abwaschen und in Scheiben schneiden. Auf Gläser verteilen.
2. Gewürznelken, Rum, weißen Kandiszucker, Weißwein und Orangensaft in einen großen Topf geben und für 5 Minuten köcheln lassen. Dann in die Gläser gießen.

Schneepunsch

ZUTATEN FÜR 1 PORTION

- 250 ml Milch
- 1 EL brauner Zucker
- 20 ml brauner Rum
- 1 Zimtstange zum Garnieren
- 100 ml geschlagene Sahne
- 1 Prise Zimt

1. Die Milch in einem Topf erhitzen, Zucker zugeben und verrühren.
2. Milch aufschäumen und in ein Glas gießen. Rum zugeben. Sahne daraufgeben und mit etwas Zimt bestreuen.

Lebkuchen-Tee-Latte

Es mag an den vielen Kerzen liegen, dem knisternden Kamin oder auch an den dunklen Tagen. Ich fühle mich im Winter in der Wärme der Wohnung geborgen, und die Last der letzten Monate fällt ab.

Abends gönne ich mir eine Tasse Tee, um mich nach dem Spaziergang von innen zu wärmen. Da hilft die Lebkuchen-Latte ganz besonders; sie passt hervorragend in die jetzige Jahreszeit.

ZUTATEN FÜR 2 PORTIONEN

250 ml Wasser

2 Teebeutel schwarzer Tee

½ TL gem. Ingwer

½ TL gem. Zimt

⅛ TL gem. Nelken

1 TL Vanilleextrakt

250 ml Milch

weißer Kandis

1. Wasser in einen Topf geben und zusammen mit den Teebeuteln aufkochen lassen. Gewürze und Vanille zugeben und verrühren. Die Teebeutel entfernen und für 3 Minuten köcheln lassen.
2. Die Milch erhitzen, aufschäumen und auf zwei Gläser verteilen. Mit dem heißen Tee aufgießen und weißen Kandis zugeben.

Bier-Punsch

Mach es dir so richtig gemütlich und nimm dir eine kleine Auszeit vom Alltag. Ich gehe meist am Abend, wenn alle schon wieder in ihren Häusern verschwunden sind, durchs Dorf und schaue mir die weihnachtliche Außenbeleuchtung an. Das ist eine wunderbare Zeit, mal durchzuatmen. Zu Hause mache ich mir einen heißen Bier-Punsch und setze mich vor den Kamin. Kardamom, Orange und Limette verleihen dem Punsch seine besondere Note.

ZUTATEN FÜR 4 PORTIONEN

- 300 ml Orangensaft
- 200 ml Cranberrysaft
- 100 ml Brandy
- 2 TL Honig
- 1 Bio-Orange, in Scheiben geschnitten
- 1 Bio-Limette, in Scheiben geschnitten
- 5 Kardamomkapseln, grob zerstoßen
- 500 ml Bier
- frische Cranberrys (optional)

1. Orangen- und Cranberrysaft zusammen mit Brandy, Honig, Orangen- und Limettenscheiben sowie Kardamomkapseln in einen Topf geben und aufkochen lassen.
2. 10 Minuten auf kleiner Flamme ziehen lassen. Bier zugießen und erwärmen, Kardamomkapseln entfernen. Orangen- und Limettenscheiben in vorgewärmte Gläser verteilen und den Punsch darübergießen. Nach Belieben Cranberrys dazugeben.

Weiße Schokoladenmilch mit Zimt

ZUTATEN FÜR 1 PORTION

200 ml Milch

50 g weiße Schokolade

1 Prise Zimt

Die Milch erhitzen und die weiße Schokolade darin auflösen. Aufschäumen, in ein Glas gießen und mit Zimt bestreuen.

TIPP

Glasränder vor dem Befüllen mit Schokomilch befeuchten und in braunen Zucker tauchen.

Schokoladen-Amaretto-Milch

Was könnte schöner sein, als nach einem langen Herbstspaziergang gemütlich im Warmen zu sitzen und eine heiße Schokoladenmilch mit Schuss zu trinken?

ZUTATEN
FÜR 4 PORTIONEN

- 150 g weiße Schokolade
- 500 ml Milch
- 1 Pck. Vanillezucker
- 200 g Sahne
- 2 TL gem. Zimt
- 80 ml Amaretto
- 20 ml brauner Rum

1. Schokolade zusammen mit der Milch und dem Vanillezucker unter Rühren bei niedriger Temperatur in einem Topf erhitzen, bis die Schokolade geschmolzen ist. Sahne halbsteif schlagen und Zimt, Amaretto und Rum unterrühren. Sahnemischung unter die Schokoladenmilch rühren.
2. In Gläser gießen und sofort genießen.

Ursula Fritz

Public Relations I Art Consultancy und Freundin, Frankfurt

Die Vorfreude auf den Heiligen Abend begann pünktlich mit dem ersten Advent, wenn das erste Lichtlein am Adventskranz angezündet wurde.

Ab diesem Datum waren jeden Tag Spuren des Christkinds in der Wohnung zu finden. Ein wenig Engelshaar auf den Böden der riesigen Altbauwohnung, die zu meiner Kinderzeit von mehreren Generationen bewohnt wurde. Weihnachtsplätzchen an besonderen Stellen, die sonst nur dem Osterhasen vorbehalten waren. Manches Mal nach dem Aufwachen zwei, drei Lametta-Fäden auf dem Kopfkissen. Ab und an ein Tannenzweiglein an einer unerwarteten Stelle. »Oh, das Christkind hat schon nach dir (oder deinem Wunschzettel) geschaut.« Die Aufgeregtheit, Freude und – ja, ich gestehe es – auch die Neugierde stiegen von Tag zu Tag.

Mein Adventskalender wurde jeden Morgen abgezählt, das nächste Türchen geöffnet. »Mama, wann kommt endlich das Christkind?« »Habe noch ein klein wenig Geduld.« »Was heißt, ein klein wenig?« Ich zählte zum zigsten Mal an meinen kleinen Händchen ab, was der Adventskalender zeigte. »Noch so lang?«

In der großen Küche, sie war bestimmt (jedenfalls in meiner Erinnerung) größer als meine heutige Wohnung, fing man dann irgendwann an, Plätzchen und Kuchen zu backen, zu brutzeln und viele geheimnisvolle Dinge zu fabrizieren. Auch in der Nacht, wenn man glaubte, ich schlafe tief und fest in meinem Bett. Was ich sogar das eine oder andere Mal tat.

Egal, wie kalt es draußen war, ein Spalt musste das Fenster immer offen bleiben. Das Christkind sollte, wenn es wollte, mit seinen Engeln ja schließlich in die Wohnung kommen können. Damit das Christkind und seine Engelein sich überzeugen konnten, dass ich brav warten kann, stibitzte ich heimlich vor dem brav Ins-Bett-Gehen einige der leckeren und gut versteckten Plätzchen, die ich auf die Fensterbank legte. Das Christkind sollte sehen, dass es erwartet wird.

Der Tag des 24. rückte näher – und damit mein Warten auf das Klingeln des Glöckchens, das Strahlen der Lichtlein des großen Tannenbaums und natürlich – ich gestehe es – auch auf die Päckchen, die das Christkind unter den Weihnachtsbaum legt. Ich war schließlich brav gewesen.

Endlich war der Nachmittag des 24. gekommen! Die Großfamilie versammelte sich, die fühlbare Aufregung aller war greifbar. Als ich endlich im feinen dunkelblauen Samtkleid mit weißem Krägelchen, gehassten schwarzen Lackschuhen und einer großen Schleife im Haar Christkind-gerecht aufgerüscht war, war eine Aufregung in der großen Küche unschwer bemerkbar. Eigenartige Laute, leises Geflüster, hier und da ein lautes Gerummse, trieben die kindliche Spannung ins Unermessliche. Wenn jemand aus der Küche kam oder in die Küche wollte, wurde ein weißes Bettlaken so vor den Spalt der Küchentür gehalten, dass selbst das neugierigste Kind nichts sehen konnte.

Inzwischen waren Tanten, Onkels, Cousins und Cousinen in dem militärisch abgeschirmten Zugang zur Küche versammelt. Zu dieser Gruppe gesellte sich zu meiner allergrößten Freude auch Bingo, der Schäferhund der Nachbarsfamilie, die ebenfalls anwesend war. Bingo liebte mich, ich liebte Bingo.

Die Zeit rückte nur langsam voran. Meine erkennbare Ungeduld war bereits auf eine harte Probe gestellt! Zum zigsten Mal quetschte sich Oma aus dem Küchentürspalt: »Das Christkind kommt bestimmt bald.«

Endlich. Das Glöckchen klingelte. Die Aufregung auf dem Siedepunkt. Die Tür öffnete sich breit. Als Erstes konnte ich einen Blick auf einen großen, bunt geschmückten Baum mit vielen Wachskerzen erhaschen. Freude pur! In diesem Moment, ich werde es nie vergessen, preschte mein geliebter Bingo nach vorn in die Küche, verhedderte sich in den Befestigungsschnüren des Baumes. Geschrei. Geschrei. Bingos Fell brennt, Vorsicht, die Kinder, die Tischdecke hat Feuer gefangen, Opas Jacke qualmt, ein paar Päckchen sengen an, das Wachs der Kerzen tropft auf den Boden, der Baum hat das gute Geschirr zerschlagen, rettet Opas kostbare Zigarren. Nicht sehr weihnachtliches Gekreische. Dann irgendein Onkel: »Ich brauche jetzt einen Cognac.«

Erst am nächsten Tag, während der großen Aufräumaktion, begann ich, mir ein paar (unkindliche) Gedanken zu machen.

Es ist heute noch das erinnerungswürdigste Weihnachtsfest, das ich erleben durfte. Bingo, Opa und Familie sei Dank! Ich möchte es nicht missen!

Festliche Drinks
ZUM WEIHNACHTSFEST

Gerade zu Weihnachten darf es etwas festlicher sein. Ganz klar, dass auch die Getränke zum Aperitif oder Digestif etwas Besonderes sein sollen.

Aperitifs

Alkoholfreier Orangencocktail

ZUTATEN FÜR 12 GLÄSER

- Eiswürfel
- 250 ml Erdbeersirup
- 1 l Orangennektar
- 1 l Mineralwasser
- 12 Sternanis

Eiswürfel auf Gläser verteilen. Erdbeersirup auf das Eis spritzen. Gläser mit Orangennektar und Mineralwasser aufgießen. Mit Sternanis garnieren.

Sekt-Campari-Cocktail

ZUTATEN FÜR 4 GLÄSER

- 2 Bio-Saftorangen
- 80 ml Campari
- 1 Flasche trockener Sekt (0,75 l)

Orangen heiß waschen, trocken reiben und in Scheiben schneiden. Campari auf 4 Gläser aufteilen. Orangenscheiben auf die Gläser verteilen und mit kaltem Sekt auffüllen.

Kirsch-Secco

ZUTATEN FÜR 4 GLÄSER

1 Bio-Orange

1 Prise Zimt

200 ml Sauerkirschsaft

750 ml Prosecco

Orange vierteln und auf 4 Gläser verteilen. Zimt und Sauerkirschsaft verrühren und auf die Gläser aufteilen. Mit Prosecco aufgießen.

Digestifs

Weihnachtspunsch

Wenn die Gäste auch noch nach dem Abendessen bleiben.

ZUTATEN FÜR CA. 1,4 L

- 2 Birnen
- 2 Bio-Zitronen
- ½ TL Zimt
- 1 Prise Muskatnuss
- 1 Prise Piment
- 2 TL Zucker
- 400 ml weißer Traubensaft
- 150 ml weißer Rum oder Gin
- 280 ml Gingerale
- 500 ml Mineralwasser mit Kohlensäure
- 2 Zweige Rosmarin
- 1 Handvoll Cranberrys (optional)

1. Birnen und 1 Zitrone in Scheiben schneiden. Die andere Zitrone auspressen.
2. Birnen- und Zitronenscheiben mit Zimt, Muskatnuss, Piment und Zucker in einen Krug geben und 1 Stunde ruhen lassen.
3. Zitronensaft und Traubensaft zugeben und umrühren, bis sich der Zucker vollständig aufgelöst hat. Rum oder Gin zugeben. Mit Gingerale und Mineralwasser aufgießen
4. Rosmarin und Cranberrys zugeben.

TIPP

Ein paar Orangenzesten dazugeben.

Dark Negroni

Manchmal hab ich einfach Lust auf einen Klassiker, ohne Schnick und ohne Schnack. Feine Aromen in einem Glas. Seinen unverwechselbaren Geschmack bekommt der Dark Negroni durch die leicht bittere Note des Amaro Sibona, der aus vielen Kräutern, Gewürzpflanzen und Zitrusfrüchten besteht.

ZUTATEN FÜR 1 PORTION

- 20 ml Amaro Sibona
- 15 ml Gin
- 15 ml dunkler Rum
- 20 ml Bitter
- 20 ml Wermut
- Eiswürfel
- Scheibe von 1 Bio-Orange

Alle Zutaten in einen Cocktailshaker geben, shaken und in ein mit Eis gefülltes Glas geben. Anschließend mit der Orangenscheibe garnieren.

White Russian

So! Gleich 3 Fliegen mit einer Klappe geschlagen: Ich lehne mich mit einem leckeren White Russian zurück, habe einen großen Vorrat an Kaffeelikör im Kühlschrank und dazu noch eine prima Geschenkidee fürs Weihnachtswichteln. Und das alles mit nur 100 Kaffeebohnen!

Zuerst einmal hier das Basisrezept für einen richtig guten Kaffeelikör, der sich nicht nur für den White Russian eignet, sondern auch den Adventskaffee ein wenig aufpeppt. Besonders bei der eigenen Herstellung gilt: Nur aus guten Zutaten kann ein gutes Produkt entstehen. Daher empfehle ich, nicht den billigsten braunen Rum zu nehmen. Auch die Wahl der Kaffeebohnen halte ich für sehr wichtig, denn diese entscheiden später über den Geschmack.

KAFFEELIKÖR

ZUTATEN FÜR 1 L

- 100 Kaffeebohnen
- 300 g Rohrohrzucker
- 1 Vanilleschote, aufgeschlitzt
- 1 l brauner Rum

1. Kaffeebohnen, Zucker und Vanilleschote in eine Flasche geben. Mit Rum aufgießen, verschließen und durchschütteln.
2. Die Flasche an einem warmen Ort mindestens 3 Wochen ziehen lassen, dabei mindestens einmal wöchentlich kräftig durchschütteln.
3. Nach den 3 Wochen durch ein Tuch abgießen, in eine Flasche abfüllen und genießen.

WHITE RUSSIAN

Ich habe White Russian schon immer gern getrunken. Auch wenn ich den Spielfilm *The Big Lebowski* noch nie gesehen habe, weiß ich natürlich, dass die Hauptfigur einen White Russian nach dem anderen »vernichtet« und einige seltsame Zubereitungsarten auf Lager hat. Es soll sogar eine mit Milchpulver geben. Da bin ich raus. Ich bin mir aber sicher, dass du deine eigene White-Russian-Mischung findest, wenn du etwas mit der Menge von Wodka, Likör und Sahne spielst. Und glaub mir, mit deinem eigenen Kaffeelikör machst du den White Russian schon zu etwas Besonderem.

ZUTATEN FÜR 1 PORTION

20 ml Sahne
40 ml Wodka
20 ml Kaffeelikör
Eiswürfel

1. Die Sahne leicht anschlagen, sodass sie halbsteif wird.
2. Wodka und Kaffeelikör in ein Glas geben, mit Eiswürfeln 30 Sekunden verrühren und mit Sahne »floaten«.

TIPP

»Floaten« hört sich zwar ziemlich professionell an, ist aber nichts anderes, als die Sahne über den Rücken eines Barlöffels behutsam in das Glas gleiten zu lassen, damit sich die Schichten nicht vermischen. Ich habe die Sahne mit einem Löffel vorsichtig ins Glas gegeben, auch so bleiben die Schichten erhalten.

Xmas-Gin

So schmeckt Weihnachten!

Der erfrischende Feiertags-Granatapfel-Mandarinen-Gin-Cocktail sieht auch ein wenig nach Weihnachten aus, oder? Granatapfel, Honig, Mandarine und frischer Thymian … da werden sich die Weihnachtsgäste freuen.

ZUTATEN FÜR 1 PORTION

Eiswürfel

40 ml Gin

20 ml Mandarinensaft

20 ml Granatapfelsaft

½ TL Honig

frischer Thymian

Sprudelwasser

1. Eis in das Martini-Glas geben.
2. Gin, Mandarinensaft, Granatapfelsaft und Honig mit einem Barlöffel verrühren und auf das Eis gießen.
3. Mit Sprudelwasser auffüllen und mit frischem Thymian (Granatapfelkernen und Mandarinenfilets) garnieren.

Sabine Marzi

Tiertrainerin, spezialisiert auf Tiere mit Handicap, liebevolle Hundemama von vielen Handicap-Dogs, Österreich

Für mich ist die Weihnachtszeit eine sehr schöne Zeit. Es gibt tolle Leckereien auf den Wintermärkten, die Straßen und Häuser sind liebevoll dekoriert, und wenn man Glück hat, liegt auch Schnee.

Weihnachten mag ich, da an diesen Tagen der meiste Frieden auf der Welt herrscht. Keine Kriege, Familien kommen zusammen. Ich selbst feiere Weihnachten jedoch nicht. Zumindest nicht so, wie es die meisten tun. Ich habe keinen Baum und esse auch nichts Besonderes an diesem Tag.

Als Mama von meinen Handicap-Dogs bekommen meine Babys jedes Jahr ein Geschenk, auf das sie sich stürzen, bevor sie es aufreißen und dann voller Spaß damit spielen.

10 Tipps

FÜR EIN ENTSPANNTES WEIHNACHTSFEST UND EINE RUHIGE VORWEIHNACHTSZEIT

Weihnachten? Der Baum kippt um, der Familienstreit bahnt sich an, die Socken gefallen dem Beschenkten nicht, die Tante ist schon vor dem Abendessen betrunken … So ist es bei vielen, oder?

Dabei ist Weihnachten doch »das große Fest des Jahres«. Umso wichtiger ist es die Nerven zu bewahren. Das kann man natürlich nur, wenn man die Vorweihnachtszeit schon entspannt angeht.

Vereinsweihnachtsfeiern, Weihnachtsbasare, Weihnachtsmarktbesuche, Weihnachtsgeschenkeinkäufe, Weihnachtskonzerte und Weihnachtsbackaktionen … STOPP!

1. Einfach mal entschleunigen

Backen, Dekorieren, Geschenke kaufen, Geschenke einpacken und Karten schreiben. Das kann ganz schön in Stress ausarten. Warum nicht einfach mal Weihnachten planen? Ein realistischer Zeitplan kann helfen, alles zu organisieren und Auszeiten zu schaffen. Auch Pausen können eingeplant werden.

2. Nächstenliebe

Manchmal muss man sich einfach vornehmen, mal netter zu anderen zu sein. Ein Lächeln kann viel bewirken. Die Weihnachtszeit ist Spendenzeit. Teile mit anderen. Es gibt tolle Möglichkeiten, an fast jedem Ort etwas Gutes zu tun. Frag im Kinderheim nach, ob ein Geschenkebaum da ist, frag im Tierheim nach, ob man gerade in der kalten Jahreszeit deine aussortierten Decken gebrauchen kann. Und wenn du selbst allein bist, mach in deiner Gemeinde oder auf deinen Social-Media-Kanälen einen Aufruf. Weihnachten kann man zu zweit oder sogar mit ganz vielen anderen einsamen Menschen verbringen. Auch über Facetime, Zoom und Co.

3. Musik hören

Du bist genervt von »Last Christmas«? Da habe ich einen Tipp für dich: Einfach mitsingen.

Und wenn du eher introvertiert bist, geht Mitsummen auch. Wenn du aber wirklich keine Lust mehr hast, all die alten Weihnachtsklassiker zu hören, schaue dich mal bei Spotify um. Dort findest du so viele Christmas-Playlists, dass du fast das ganze Jahr durchgehend Weihnachtslieder hören könntest.

4. Weihnachtsfilme

Nimm dir unbedingt Zeit für schöne Weihnachtsfilme. Nutze sie, um dich zu entspannen und mal nichts zu tun. Hier meine Lieblingsfilme:

Drei Nüsse für Aschenbrödel

Der kleine Lord

Der Polarexpress

Santa Clause

Als der Weihnachtsmann vom Himmel fiel

Liebe braucht keine Ferien

Tatsächlich … Liebe

Obendrüber, da schneit es

Drei Männer im Schnee

Die Weihnachtskarte

The Knight before Christmas

The Christmas Chronicles

5. Danke-Geschenke

Schenken macht glücklich, so sagt man. Aber nur, wenn es nicht zu einer echten Belastung führt. Schenken ist für mich eine Art der Kommunikation. Einfach mit kleinen Geschenken den Menschen danken, die das Jahr über nett waren. Macht mehr Spaß als krampfhaft Geschenke für die Familie zu suchen. Und vergiss dich nicht. Schenk dir was, denn du bist auch dafür verantwortlich, dir selbst mal Danke zu sagen. Wie wäre es denn mit ein paar bunten Socken, einer Krawatte oder einem Schal? Nein, Spaß! Kauf dir das, was dich glücklich macht.

6. Wunschzettel sorgsam lesen

Du hast Kinder, die dir zu Weihnachten einen Wunschzettel hinlegen oder gar diesen an den Weihnachtsmann senden? Süß oder? Aber ... Wunschzettel sind kein Bestellschein und sollen auch nicht diesen Druck ausüben. Nicht jeder Wunsch kann und soll erfüllt werden. Also, kein Stress! Außerdem macht das Auspacken meist mehr Spaß als das Geschenk selbst.

7. Ehrlichkeit

Wie reagiert man denn richtig bei nicht so tollen Geschenken? Freude vortäuschen oder die Wahrheit sagen? Ich finde, dass man sich erst einmal bedanken sollte, denn immerhin hat dich jemand bedacht. Wird man gefragt, ob das Geschenk gefällt, würde ich immer ehrlich antworten, denn so weiß man, dass man im nächsten Jahr nicht schon wieder in diese unangenehme Situation gerät.

8. Gönne dir einen Adventskalender

Besorge dir einen Adventskalender. Nicht so einen doofen mit der billigen Schokolade und Werbeaufdruck, sondern einen richtig tollen. Im Netz findest du Chocolaterien, die richtig gute Adventskalender versenden. Auch aus dem Ausland. Oder du besorgst dir einen Beauty-Adventskalender, der dich jeden Tag dazu bringt, dir selbst etwas Gutes zu tun. Ich besorge mir in der Adventszeit 24 Päckchen Badesalz mit winterlichen Düften.

9. Den Po zusammenkneifen

Ja, richtig gelesen. Das gilt für alle, die Weihnachten mit ihrer Familie verbringen müssen. Mit der Schwester, der man es eh nie recht machen kann, dem Vater, der es nicht mal schafft, das Kind zu Weihnachten in den Arm zu nehmen, oder der nervigen Tante, die alles besser weiß. Für diesen Abend gilt: Schuldzuweisungen, Generalangriffe und emotionale Themen sind tabu. Sollte es doch so richtig krachen, das Gespräch beenden und dem Gegenüber anbieten, dieses nach Weihnachten fortzuführen.

10. Gestalte dein Zuhause

Auch wenn du der Typ »für die paar Tage, die ganze Deko rauskramen« bist, ergibt es Sinn, sich die gemütliche Stimmung ins Haus zu holen. So kannst du dich optisch auf Weihnachten vorbereiten. Fehlen dürfen niemals: Kerzen, Duftkerzen und noch mehr Kerzen.

X M A S

Markus Stöcker

Buchhändler und Weihnachtsbär aus München

Seit ich in München lebe, muss ich mit meinen Weihnachtsliedern immer warten, bis das Oktoberfest um ist. Fast übergangslos wird die Helene-Fischer-Playlist weggedrückt und mit den tollen, winterlichen Songs begonnen. Inzwischen bürde ich mir diese Zwänge nicht mehr auf. Wenn ich Lust auf meine akustische Weihnachtstimmung habe, dann lege ich los.

Als Aldin, unser Freund aus Bosnien, seinen ersten Winter in München verbrachte, da konnte er unsere Aufregung nicht verstehen. Was ist das alles mit dem Weihnachten und warum drehen alle durch? Er wusste schon immer, dass es Menschen gibt, die Weihnachten feiern, war aber einfach nicht von dem Zauber berührt. Immer weniger Leute wissen, was wir überhaupt an Weihnachten feiern. Schnell in die Runde gefragt, kommen von Tod und Auferstehung bis Geschenke und Winter so ziemlich alle Antworten zustande. In einer Kurzversion erklärten wir Aldin, warum »man« das christliche Weihnachten feiert, doch auch einfach die Tradition der Sonnwende, die kurz vorher beginnt. Die zwölf heiligen Nächte, die sich anschließen und das Tor zur Anderswelt öffnen, die wilde Jagd, die in dieser Zeit unterwegs ist, und was es mit dem Kerzenlicht auf dem Adventskranz auf sich hat. Da haben wir erst gemerkt, wie viele unterschiedliche Facetten das Fest und diese Zeit für uns selbst haben und wie sich dies im Laufe der Jahre auch gewandelt hat. Und in seine Einzelteile zerlegt, konnten wir Aldin nicht erklären oder nahebringen, was denn nun das Besondere an dem Fest für uns ist.

So war für uns klar, dass wir ihn gemeinsam in unsere Weihnachtszeit einweben. Er hat einen liebevollen Adventskalender bekommen und jeden Tag ein neues Weihnachtslied für unsere gemeinsame Playlist. Wir gingen mit ihm auf den Weihnachtsmarkt, suchten Geschenkpapier aus, überlegten, was wir zusammen kochen wollen ... und so langsam merkten wir alle, dass es eigentlich die gemeinsame Zeit ist, die wir miteinander verbringen, die in uns das Weihnachtsgefühl erstrahlen lässt. Und dann kamen all die Fragen. Warum geht ihr Weihnachten in die Kirche? Warum singt ihr Lieder? Warum lest ihr euch *Krabat* vor? Warum baut ihr eine winterliche Lego-Landschaft auf? Und so begleitete er uns durch die ganze Adventszeit.

Heiligabend verbringen wir nicht mehr bei unseren Eltern. Wir wohnen zu zerstreut und kommen eher nach den Feiertagen zusammen. Doch das Weihnachtsfest feiern wir dennoch nicht allein. Wir haben unsere Wahlfamilie und planen den Heiligabend gemeinsam. Welches Essen wird es geben, wer geht wann in die Kirche, sollen wir uns etwas schenken, oder lassen wir das sein? Doch ein kleines Geschenk ist es immer geworden. Wir suchen gemeinsam den Baum aus, schmücken diesen und kochen uns Punsch dazu. Aldin blieb die ganze Zeit skeptisch und sah sich das alles an. Richtig klick gemacht hat es bei ihm erst, als er sich überlegt hat, zur Feier des Heiligen Abends Plätzchen mitzubringen. Er suchte in den Weihnachtsbackbüchern nach ein paar Rezepten, in denen er auch Zutaten aus seinem Land wiederfand. Die Hagebuttenmarmelade seiner Oma, die orientalischen Gewürze, den süßen Honig ... und dann legte er los. Er stand am Abend strahlend in seinem Weihnachtspullover vor der Tür und hatte einen üppig gefüllten Plätzchenteller in der Hand. Passt das so?, fragte er uns und seine Augen leuchteten. Da wussten wir, dass er eine Idee davon in sich trug, was Weihnachten bedeutet.

SELBST GEMACHTE GESCHENKE *zu Weihnachten*

Weihnachtsbaum-Brownies

Ich starte wirklich früh mit der Vorweihnachtszeit. Nicht mit der Weihnachtsbäckerei, sondern damit, von morgens bis abends alle Weihnachtsfilme bei Netflix und Co. anzuschauen. Egal, ob Weihnachten gerettet werden muss, der berufstätige Ehemann noch pünktlich zu seiner Familie kommt, um Weihnachten gemeinsam zu feiern, oder ob die arrogante Weihnachtshasserin am Ende doch noch Geschenke verpackt. Ich mag alle Filme. Und da die Filmindustrie der gleichen Meinung ist, wird fleißig Nachschub gedreht. Für mich gibt es einfach nichts Schöneres, als in der Küche zu kochen und zu backen und nebenbei Filme zu schauen (ja, ich habe einen Fernseher in der Küche). Also, ihr Lieben … ran an die Brownies. Die sind ein schönes Geschenk für die Nachbarn.

ZUTATEN FÜR 12 STÜCK

- 1 runde Springform (Ø 24 cm)
- 150 g dunkle Schokolade, grob gehackt
- 150 g Butter
- 3 Eier
- 120 g Zucker
- 1 Pck. Vanillezucker
- 3 TL Glühwein
- 100 g Mehl
- ¼ TL Backpulver
- ½ TL Zimt
- 1 Prise Salz

1. Schokolade grob hacken. Backofen auf 160 °C Umluft vorheizen und eine Springform (Ø 24 cm) einfetten.
2. Schokolade und Butter über einem Wasserbad schmelzen und dann etwas abkühlen lassen.
3. Eier, Zucker und Vanillezucker verrühren. Glühwein unterrühren. Mehl, Backpulver, Zimt und Salz zugeben und kurz verrühren.
4. Schokoladenmischung unterheben. Teig in die Form geben und 25 Minuten backen, etwa 10 Minuten in der Springform abkühlen lassen.
5. Kuchen aus der Form lösen und vollständig auskühlen lassen. Mit einem scharfen Messer 12 dreieckige Weihnachtsbäume ausschneiden.

Dekoration

100 g Puderzucker

silberne oder goldene Zuckerperlen

12 runde Schokoladenstäbchen

6. Puderzucker mit 2 TL Wasser zu einer festen Glasur verrühren, in einen Spritzbeutel füllen und im Zickzackmuster über die Tannenbäume spritzen. Mit Zuckerperlen belegen und trocknen lassen. Die Schokoladenstäbchen als Baumstamm in die Kuchen drücken.

Kissenspray

Was ich benutze, verschenke ich auch gern. Im letzten Jahr habe ich über 100 Kopfkissen-Sprays verschenkt, die ich selbst hergestellt habe.

Ohne Krimi geht die Mimi nie ins Bett. Ich gehe ohne mein Kissenspray nicht ins Bett. Schon seit vielen Jahren habe ich die Angewohnheit, erst richtig schlafen zu können, wenn mein Kopfkissen schön riecht. Nachdem ich viel Geld für überteuerte Kissensprays ausgegeben habe und auch gern mal, je nach Lust und Laune, den Duft wechsele, stelle ich sie nun einfach selbst her. Ganz easy, echt preiswert, und ein richtiges Etikett bekommen sie auch noch.

Auf meinem Nachttisch steht eine ganze Ladung Sprühflaschen, da ich gern die verschiedensten Düfte zum Einschlafen und Wohlfühlen um mich herum habe.

Am besten probiere einfach aus, welcher Duft dich ins Land der schönen Träume bringt.

Die wohl bekanntesten ätherischen Öle, die den Schlaf fördern, sind Lavendel, Vetiver, Ylang-Ylang und Baldrian. Bei mir wirken zitrische und holzige Düfte. Auch ist die Angabe, wie viele Tropfen von dem ätherischen Öl verwendet werden, reine Geschmackssache.

ZUTATEN FÜR 1 SPRÜHFLASCHE (100 ML)

95 ml destilliertes Wasser

ätherische Öle nach Wahl (z. B. 10 Tropfen römische Kamille + 15 Tropfen Bergamotte)

1. Einen Messbecher mit 95 ml destilliertem Wasser füllen.
2. Ätherische Öle zugeben und mit einem Holzstäbchen umrühren.
3. Mit einem kleinen Trichter in eine Sprühflasche füllen.

bergamot & chamomile
SLEEP WELL
cedar & rosemary
SLEEP WELL
lavender
SLEEP WELL

Ich nutze meist dieses Rezept, da es ohne Alkohol auskommt – und somit auch für Kinder geeignet ist –, ohne dass die ätherischen Öle »oben schwimmen«, sich absetzen oder gar der Duft beeinträchtigt ist.

Vor dem Gebrauch schüttele ich das Kissenspray kräftig. Ich benutze bei ätherischen Ölen immer Glasflaschen, da die Öle Plastik angreifen könnten.

Ich liebe die 100-ml-Flaschen aus Braunglas, die ich bei Amazon bestelle.

Der Profi macht das natürlich ganz anders, denn ätherische Öle sind nicht wasserlöslich und schwimmen meist nutzlos an der Oberfläche, wenn sie ins Wasser getropft werden. Damit sie sich schön im Wasser verteilen, müssen sie emulgiert werden. Das klappt mit hochprozentigem Alkohol sehr gut:

20 Tropfen ätherische Öle werden in 20 ml hochprozentigem Alkohol verschüttelt.

Der Alkohol sollte mindestens 70-prozentig sein, besser sind aber 96 % Ethanol. Diese Mischung sollte mehrere Tage bei Raumtemperatur aufbewahrt und täglich geschüttelt werden. Nach einigen Tagen kann man sie dann mit destilliertem Wasser auffüllen, gut verrühren und in eine Sprühflasche füllen.

Alternativ kannst du auch 40-prozentigen Wodka nehmen und diesen mit den ätherischen Ölen und dem destillierten Wasser verschütteln. Die Mischung wird zwar nicht homogen bleiben und trennt sich wieder, aber wenn man sie vor der Anwendung schüttelt, ist sie gut geeignet.

HINWEIS

Ätherische Öle sind hoch konzentrierte Essenzen. Zum Beispiel werden für die Herstellung von 1 l ätherischem Öl ca. 300 Kilo Kamille gebraucht. Darum verwende sie nur stark verdünnt. Für kleine Kinder bitte keine ätherischen Öle wie Eukalyptus, Kampfer und Pfefferminz nutzen. Wenige Tropfen von einem unverdünnten ätherischen Öl in Mund oder Nase können bei Kindern lebensbedrohliche Erkrankungen hervorrufen.

Wer es ein bisschen schicker mag, verpasst dem Sprühfläschchen noch ein Etikett. Schau mal bei Canva (www.canva.com/de_de/)vorbei und gib im Suchfeld »Etikett« ein. Da bekommst du eine Menge Vorschläge, die du bearbeiten und dann kostenlos ausdrucken kannst.

Ich finde, das ist ein sehr persönliches Geschenk. Der Beschenkte wird auf jeden Fall vor dem Schlafengehen an dich denken.

Weihnachtsmacarons

Macarons sind gar nicht so schwer zu machen und die fruchtige Füllung ist ebenso ein Kinderspiel. Also bleibt noch genug Zeit, die knusprigen Macarons weihnachtlich mit schwarzer Lebensmittelfarbe zu bestempeln. Wie gesagt, keine Angst vor Macarons. Es gilt eigentlich nur zu beachten, dass alle Zutaten exakt abgewogen sind. Passend zum Fest habe ich meine Macarons grün und rot eingefärbt und nach dem Abkühlen bestempelt. Mit den kleinen Holzstempeln hatte ich eigentlich vorgehabt, meine Weihnachtskarten selbst zu gestalten, Kennst du, oder? Also, den guten Vorsatz, Karten selbst zu basteln. Bisher hat mir einfach die Zeit gefehlt.

Aber jetzt kommen die Stempel endlich zum Einsatz. Einfach etwas schwarze Lebensmittelfarbe auf ein Küchenkrepp geben, Stempel hineindrücken, die Macaronhälften bedrucken und kurz trocknen lassen. Und schon kann man sie lecker befüllen.

Mit der Füllung habe ich es mir unglaublich einfach gemacht. Sie ist mir fast das Wichtigste bei einem Macaron. Klar muss der Macaron außen schön knusprig und innen noch etwas weich sein, aber die Füllung entscheidet über den Geschmack!

Und zwischen all den leckeren Weihnachtsplätzchen mit Schokolade, Zuckerglasur und bunter Perlendekoration freut man sich immer, wenn man ein Plätzchen mit Konfitürefüllung aus der Keksdose gefischt hat, oder? Zwischendurch braucht man einfach einmal etwas Fruchtiges. Und so war mir schnell klar, dass meine Macarons zu Weihnachten eine leckere Fruchtfüllung erhalten. Die grünen Macarons bekommen eine Füllung aus Gartenerdbeeren und die roten werden mit Wildpreiselbeeren gefüllt.

ZUTATEN
FÜR 12 STÜCK

- 125 g sehr fein gemahlene Mandeln
- 200 g Puderzucker
- 72 g Eiweiß
- Lebensmittelfarbe, am besten als Paste oder Pulver
- 100 g Lieblingsmarmelade
- schwarze Lebensmittelfarbe (optional)

1. Mandeln und Puderzucker jeweils fein sieben. Mandeln und 125 g Puderzucker verrühren. Eiweiß steif schlagen. Nach und nach den restlichen Puderzucker sowie Lebensmittelfarbe zugeben und verrühren.
2. Mandelmasse unter den Eischnee heben.
3. Teig in einen Spritzbeutel geben und kleine Kreise auf ein mit Backpapier ausgelegten Backbleck spritzen (oder eine Silkonmatte benutzen). 30 Minuten ruhen lassen, dann im vorgeheizten Backofen bei 140 °C Umluft 12–14 Minuten backen.
4. Macarons gut abkühlen lassen. Nach Belieben bestempeln und mit Lieblingsmarmelade füllen.

Kräuterringe

Wie das duftet! Ich liebe das Aroma von frischen Kräutern. Hier zeige ich dir, wie du daraus Dekokränze für die Küche basteln kannst, die nicht nur ganz frisch wunderbar aussehen, sondern auch, wenn sie getrocknet sind. Eine dufte Geschenkidee, die du in verschiedenen Größen herstellen kannst.

Ich habe mich für Kupferdraht entschieden, weil ich den »cleanen « Look zusammen mit den grünen Kräutern sehr gern mag. Wenn du keinen schicken Draht zur Hand hast, kannst du den Ring auch mit Juteschnur umwickeln.

Ganz kleine Kränze mit einem Durchmesser von 6 cm sind besonders hübsch für Geschenkverpackungen oder als Dekoration für Kräuteröle.

MATERIAL FÜR 1 RING

- kupferfarbener Aluminiumdraht (2 mm)
- kupferfarbener Deko-Draht (½ mm)
- Salbeizweige
- Thymianzweige
- Lorbeerzweig

1. Aus dem Aluminiumdraht 2 Drähte à 150 cm mit einem Seitenschneider zurechtschneiden. Diese dann durch Aufeinanderlegen der Enden halbieren. Beide Drähte verdrillen. Zu einem Kreis formen und die offenen Drahtenden durch die Schlaufe führen und verschließen.
2. Mit dem Salbei beginnen und jeweils 2–3 Bündel von 6–8 cm Länge mit dem Deko-Draht um den Kranz wickeln. Die Bindestellen mit dem nächsten Bündel verdecken.
3. Danach mit dem Thymian und dem Lorbeer genauso verfahren.

Tannenbäumchen-Kuchen

»O du fröhliche …« Die kleinen Tannenbaumkuchen sind nicht nur eine prima Geschenkidee, sondern auch eine schöne Tischdekoration Sie sind ganz einfach hergestellt und bringen selbst die letzten Weihnachtsmuffel dazu »O du fröhliche …« zu singen.

ZUTATEN FÜR 6 STÜCK (JE NACH GEWÜNSCHTER GRÖSSE)

- 150 g Reis
- 250 g Butter, Zimmertemperatur
- 240 g Zucker
- 6 Eier
- 500 g Mehl
- 1 TL Backpulver
- 10 EL Zitronensaft
- 250 g Puderzucker
- grüne Lebensmittelfarbe
- grüne Streusel oder gehackte Pistazien
- Zuckerperlen

1. Aus Backpapier 6 Dreiecke (je nach gewünschter Höhe) schneiden, zu spitzen Tüten drehen und festtackern.
2. Kopfüber in 6 feuerfeste Becher oder Gläser stellen und diese mit Reis auffüllen, sodass die Tüten einen stabilen Halt haben.
3. Backofen auf 180 °C Ober-/Unterhitze vorheizen.
4. Butter mit Zucker und Eiern aufschlagen. Mehl, Backpulver und Zitronensaft zugeben und verrühren. Den Teig mit einem Spritzbeutel in die Tüten füllen und im Ofen 30 Minuten backen.
5. Abkühlen lassen, vorsichtig das Backpapier entfernen und ggf. den Boden begradigen.
6. 180 g Puderzucker mit Lebensmittelfarbe und etwas Wasser zu einer dickflüssigen Glasur verrühren. Über die abgekühlten Teigkegel gießen.
7. Mit den Streuseln bestreuen und antrocknen lassen. Aus dem restlichen Puderzucker mit wenig Wasser eine sehr dickflüssige Glasur anrühren und auf die Spitze der Tannenbäume geben.
8. Zuckerperlen mit einer Pinzette kurz in die Glasur dippen und dann auf den Weihnachtsbaum kleben.

TIPP

In luftdichte Gläser packen und verschenken.

An die Saunagänger: Der Tee schmeckt auch kalt perfekt und ist der ideale Wasserlieferant zwischen den Saunagängen.

Selbst gemachter Bratapfeltee

Gibt es an einem regnerischen oder kalten Winterabend etwas Schöneres, als sich auf dem Sofa einzukuscheln und mit einer Tasse Tee dem ungemütlichen Wetter zu trotzen?

ZUTATEN

- 1 Zimtstange
- etwas gem. Ingwer
- getr. Apfelschale
- getr. Orangenschale
- Apfelstücke
- Sternanis
- Kardamon

Für die Teemischung einfach die Zutaten in einem Verhältnis nach Wahl miteinander vermengen und mit heißem Wasser aufbrühen.

Ich nehme eine Zimtstange, etwas gemahlenen Ingwer, getrocknete Apfel- und Orangenschale, Apfelstücke, etwas Sternanis und Kardamom. Ich lasse den Tee meist 8 Minuten ziehen.

TIPP

Ich mag Tee am liebsten ganz ohne zugesetzte Aromen, daher mache ich mir Teemischungen am liebsten selbst. Kräuter, Obst und Gewürze sind natürlich auch bereits getrocknet erhältlich, aber das meiste kannst du selbst trocknen. Wenn du einen Dörrautomaten hast, trockne die Zutaten nach Gebrauchsanweisung. Ansonsten kannst du Orangenschalen, Apfelstücke und alle anderen gewünschten Zutaten auch bei 50 °C und leicht geöffneter Backofentür zubereiten. Am besten über Nacht dörren.

Irish Cream

In der Vorweihnachtszeit macht es einfach Spaß, sich mit kleinen Geschenken aus der Küche zu beschäftigen, oder? Bei mir läuft das meist so ab, dass ich den Großteil der produzierten Lebensmittel selbst behalten und nichts abgeben möchte. Bei der Irish Cream war das auch so. Die ist aber auch wirklich lecker. Pur und auch als »Schuss« in heißem Kaffee.

ZUTATEN FÜR CA. 800 ML

- 1 Espresso (ca. 25 ml)
- 80 g Puderzucker
- 2 Pck. Vanillezucker
- 10 g Backkakao
- 500 ml Sahne
- 200 ml Irischer Whiskey

1. Espresso frisch zubereiten und zusammen mit dem Puderzucker, Vanillezucker und Kakaopulver verrühren.
2. Sahne unter Rühren aufkochen, vom Herd nehmen und mit einem Schneebesen die Espresso-Mischung einrühren. Abkühlen lassen.
3. Whiskey mit dem elektrischen Handrührgerät unterrühren. In sterile Flaschen füllen und verschließen. Kühl lagern.

TIPP

Siehst du, wie einfach das geht? Anstelle des Vanillezuckers kannst du die Sahne auch mit einer Vanilleschote aufkochen oder gemahlene Tonka-Bohne zugeben. Einfach lecker!

TIPP

Ich habe die Backformen aus braunem Papier online gekauft. Sie haben eine Größe von 8 x 4 x 4 cm, sind Ofen- und fettbeständig und behalten ihre Form.

Mini-Bratapfelkuchen

ZUTATEN FÜR 1 KASTENFORM ODER 9 MINI-CAKE-FORMEN

- 250 g Butter, Zimmertemperatur
- 250 g Zucker
- 4 Eier
- 250 g Mehl
- 1 TL Backpulver
- ½ TL Zimt
- 4 TL Rum (optional Milch)
- 2 Äpfel, geschält, entkernt und gewürfelt
- 100 g Marzipan, gerieben
- 4 EL Rosinen
- 50 g gehackte Mandeln

1. Backofen auf 180 °C Ober-/Unterhitze vorheizen.
2. Die Butter mit dem Zucker schaumig schlagen. Eier nach und nach unterrühren.
3. Mehl, Backpulver und Zimt unterrühren. Rum oder Milch unterrühren. Apfelwürfel, Marzipan, Rosinen und Mandeln unterheben. Teig in die Form(en) geben.
4. Kleine Kuchen im Ofen 15–20 Minuten backen, in der Kastenform (ca. 1 l) benötigt der Teig zwischen 45 und 50 Minuten (Stäbchenprobe machen).

Kokosmandeln

Der einzige Grund, warum ich früher manchmal auf den Weihnachtsmarkt gegangen bin, waren die großen Verkaufswagen, die ein riesengroßes Sortiment an Mandeln angeboten haben. Total überteuert natürlich. Wie schön, dass ich mir jetzt meine Lieblingsmandeln selbst machen kann. Die mit weißer Schokolade, die an ein Raffaello erinnern. Genau die. Lust? 5 Zutaten und ganz schnell fertig. Perfekt zum Verschenken (und selber essen)!

ZUTATEN FÜR CA. 400 G

- 200 g Mandeln ohne Haut
- 150 g weiße Schokolade
- 100 g Kokosraspel
- 50 g Puderzucker
- 1 Pck. Vanillezucker

1. Backofen auf 180 °C vorheizen und die Mandeln auf ein mit Backpapier ausgelegtes Backblech verteilen. 15 Minuten rösten und dann abkühlen lassen.
2. Schokolade über einem Wasserbad schmelzen lassen.
3. Schokolade in eine große Schüssel geben, Mandeln hinzufügen und alles gut verteilen, sodass alle Mandeln mit Schokolade überzogen sind.
4. Kokosraspel, Puderzucker und Vanillezucker vermengen.
5. Kokosmischung zu den Mandeln geben und alles gut durchschütteln, sodass alle Mandeln mit den Kokosraspeln bedeckt sind.
6. Die Mandeln auf ein Backpapier verteilen und fest werden lassen.

Desserts und Sweets
ZUM WEIHNACHTSFEST

Baileys Trifle

In diesem Dessert gibt es viele leckere Schichten. Eine superfeuchte Schokoladenkuchenschicht, eingeweicht in Kaffee und Amaretto. Ja, durchnässt. Unglaublich lecker. Dann eine Schicht Baileys-Pudding, gefolgt von Amarettini und Schokoladenpudding.

Abgerundet mit frischer Baileys-Schlagsahne und getoppt mit Schokolade.

Dies ist das perfekte Soulfood-Dessert. Ab ins Glas damit oder einfach alles in einer großen Schüssel schichten.

ZUTATEN FÜR 6 PORTIONEN

- 500 ml Milch
- 40 g Speisestärke
- 200 g Zucker
- 3 Eier
- 150 g Zartbitterschokolade
- etwas Meersalz
- 80 g Mascarpone
- 60 ml Baileys
- 1 Kakao-Kuchenrolle (ca. 400 g)
- 100 ml heißer Kaffee
- 4 TL Amaretto
- 25 g Amarettini
- 400 ml Sahne
- 2 TL Vanillezucker

1. Milch zum Kochen bringen. Speisestärke, Zucker und Eier aufschlagen. Heiße Milch unter die Eiermischung rühren, dann alles zurück in den Topf gießen und unter Rühren köcheln lassen, bis die Masse eingedickt ist. Pudding auf zwei Schüsseln verteilen. In der ersten Schüssel 50 g Schokolade und Meersalz unterrühren. In der zweiten Schüssel Mascarpone und 50 ml Baileys verrühren. Pudding mit Folie abdecken und zur Seite stellen, bis er abgekühlt ist.
2. Die Kuchenrolle in 2 cm dicke Scheiben schneiden. Kaffee mit Amaretto vermengen. Kuchenscheiben von einer Seite darin tränken und auf 6 Gläser an der Außenseite verteilen. Restlichen Kuchen zerbröseln und als Boden in die Gläser drücken. Restliche Kaffeemischung darübergeben. Baileys-Pudding darauf verteilen, gefolgt von einer Lage Amarettinis und einer Schicht Schokoladenpudding. Sahne mit Vanillezucker und 10 ml Baileys steif schlagen und auf die Gläser verteilen. Die restliche Schokolade hobeln und auf die Sahne geben.

Winter-Wonderland-Kuchen

Walking in a winter wonderland … Hey, ich wollte auch mal einen richtigen Weihnachtskuchen machen. Okay, ich weiß, dieser überzeugt sicherlich nicht durch filigrane Feinarbeit, aber wenn der Schnee fällt, fällt er halt richtig. Also ein Kuchen auch für Grobmotoriker wie mich. Ich mag meinen Winter-Wonderland-Kuchen. Durch den dicken Zuckerguss hat man doch direkt das Gefühl, mit den Fingern kleine Spuren hinterlassen zu müssen, oder? Das geht mir immer so, wenn es draußen geschneit hat. Dann will ich unbedingt der Erste sein, der auf die Straße läuft und seine Schuhabdrücke hinterlässt. Beim Schneeschieben bin ich dann aber auch längst wieder drinnen. Im Warmen.

Noch lieber mag ich aber meine kleinen Hexenhäuschen aus Butterkeksen (danke, dass es Kakao-Butterkekse gibt). Das »Hausbauen« musste ich allerdings erst einmal verstehen und verinnerlichen, bis aus den Keksen endlich kleine Häuschen geworden sind. Und ja, das mit den Seitenwänden war etwas schwierig, denn bis ich es raushatte, die Butterkekse so zu halbieren, dass sie nicht ganz auseinanderbrechen, hatte ich die Hälfte der Packung schon aufgegessen. Aber das Endergebnis zählt. Und so kleine Hexenhäuschen müssen ja nicht unbedingt ganz gerade sein. Schließlich sind sie nicht als Heimstätte der Avantgarde oder klassischen Architektur gedacht.

ZUTATEN FÜR 1 SPRINGFORM (Ø 22 CM)

- 100 g getr. Pflaumen
- 50 g getr. Datteln
- 50 g Rosinen
- 30 g getr. Cranberrys
- 40 g Mandelstifte
- 100 ml Apfelsaft
- 50 ml Rum
- 125 g Butter, Zimmertemperatur
- 125 g Zucker
- 2 Eier
- 250 g Mehl
- ½ Pck. Backpulver
- 2 Eiweiß
- 500 g Puderzucker
- 2 Eiswaffeln
- 14 Kakao-Butterkekse
- etwas Puderzucker zum Bestäuben

1. Einen Tag vorher Pflaumen, Datteln, Rosinen und Cranberrys klein schneiden und zusammen mit den Mandelstiften, dem Apfelsaft und dem Rum vermengen und über Nacht einweichen lassen.
2. Am nächsten Tag Butter, Zucker und Eier verrühren. Backofen auf 160 °C Umluft vorheizen.
3. Mehl und Backpulver vermengen, zur Eiermischung geben und verrühren.
4. Früchte samt Flüssigkeit zugeben und verrühren.
5. Den Teig in eine gefettete Springform geben und 50 Minuten backen.
6. Den Kuchen vollständig auskühlen lassen.
7. Für die Glasur das Eiweiß mit 5 EL Wasser dickcremig aufschlagen und langsam den Puderzucker einrieseln lassen. ⅓ der Glasur in einen Spritzbeutel füllen.
8. Mit der Hälfte der restlichen Glasur den Kuchen einstreichen und die Glasur etwas am Rand herunterlaufen lassen. Mit der anderen Hälfte der Glasur die Eiswaffeln einstreichen und auf den Kuchen setzen.
9. Aus den Butterkeksen kleine Häuschen bauen, auf den Kuchen setzen und mit der Glasur aus dem Spritzbeutel dekorieren. Den Kuchen vor dem Servieren mit Puderzucker bestäuben.

Lebkuchenrolle

Ich kann mich noch gut an den ersten Schneefall im letzten Jahr erinnern, denn es gibt doch nichts Besseres, als an einem verschneiten Tag eine Lebkuchen-Biskuitrolle zu backen (und zu essen).

ZUTATEN FÜR 6 PORTIONEN

5 Eier

1 Prise Salz

160 g Zucker

3 TL Zuckerrübensirup

100 g Mehl

30 g Speisestärke

2 TL Backkakao

2 TL Lebkuchengewürz

1 EL Backpulver

50 ml Rum oder Amaretto

200 g Sahne

500 g Mascarpone

1 Pck. Vanillezucker

1 Pck. Sofortgelatine (ca. 15 g)

2 EL Orangenmarmelade

1. Backofen auf 180 °C Ober-/Unterhitze vorheizen und ein Backblech mit Backpapier auslegen.
2. Eier trennen und das Eiweiß mit dem Salz steif schlagen.
3. Zum Ende hin 110 g Zucker einrieseln lassen und weiterschlagen, bis sich der Zucker vollständig aufgelöst hat.
4. Eigelbe und Zuckerrübensirup unterrühren.
5. Mehl, Stärke, Backkakao, Lebkuchengewürz und Backpulver vermengen und unterheben.
6. Teig auf dem Backpapier verstreichen und im Ofen 15 Minuten backen.
7. Ein Küchenhandtuch ausbreiten und mit dem restlichen Zucker bestreuen.
8. Biskuit aus dem Ofen nehmen und sofort auf das Küchenhandtuch stürzen. Das Backpapier vorsichtig abziehen und den Biskuit mit einem Backblech beschweren.

9. Kurz abkühlen lassen. Den warmen Biskuit mit etwas Rum einpinseln und vorsichtig mithilfe des Küchentuchs von der langen Seite her aufrollen und weiter auskühlen lassen.

10. In der Zwischenzeit die Sahne steif schlagen, Mascarpone, restlichen Rum, Vanillezucker und Gelatine unterrühren.

11. Biskuit entrollen und mit etwas Marmelade einstreichen. Dann die Creme gleichmäßig darauf verstreichen, dabei einen kleinen Rand (ca. 5 cm) lassen.

12. Die Biskuitplatte wieder aufrollen und mit der Naht nach unten im Kühlschrank 2 Stunden kalt stellen.

Lebkuchenpudding

ZUTATEN
FÜR 6 PORTIONEN

- 5 Blatt Gelatine
- 100 g Zucker
- 500 ml Milch
- 2 TL Lebkuchengewürz
- Mark von 1 Vanilleschote
- 80 g Polenta (Maisgrieß)
- 2 Eigelb
- 50 g Zartbitterschokolade, fein gerieben
- 200 ml Sahne

1. Gelatine in kaltem Wasser einweichen. Zucker, Milch, Lebkuchengewürz und Vanillemark aufkochen lassen. Polenta unter Rühren einrieseln lassen und auf kleiner Hitze 5 Minuten quellen lassen.
2. Eigelbe verquirlen und unter die Polentamasse rühren.
3. Gelatine ausdrücken und unter den noch warmen Polentapudding rühren.
4. Schokolade unterrühren und alles lauwarm abkühlen lassen.
5. Sahne steif schlagen und unterheben.
6. Masse in 4 Förmchen geben und über Nacht im Kühlschrank fest werden lassen.

Apfel-Karamell-Gugelhupf

Der unscheinbare Gugelhupf ist mit leckeren Karamelläpfeln gefüllt und bekommt noch eine Glasur verpasst. So locker und lecker ... du wirst diesen Kuchen lieben.

ZUTATEN FÜR 1 GUGELHUPFFORM (Ø CA. 22 CM)

- 3 Äpfel
- 120 g Zucker
- 250 ml Sahne
- 200 g Butter
- 120 g brauner Zucker
- 5 Eier
- 1 Prise Salz
- 200 g Mehl
- 1 Pck. Backpulver
- 1 TL Zimt
- 150 g gem. Haselnüsse
- 100 g grob gehackte Haselnüsse

Glasur

- 60 g Butter, gewürfelt
- 200 g brauner Zucker
- 125 ml Schlagsahne
- 60 g Puderzucker

1. Äpfel schälen, entkernen und in Würfel schneiden.
2. Zucker in eine beschichtete Pfanne geben und schmelzen lassen, bis alles eine goldbraune Farbe angenommen hat. Vom Herd nehmen, 50 ml Sahne unterrühren und Apfelwürfel unterheben.
3. Backofen auf 180 °C Ober-/Unterhitze vorheizen. Gugelhupfform einfetten und bemehlen.
4. Butter mit braunem Zucker cremig rühren.
5. Eier trennen und die Eigelbe nach und nach unterrühren. Eiweiß mit 1 Prise Salz steif schlagen und nach und nach unterheben. Mehl, Backpulver und Zimt vermengen und unterrühren. Restliche Sahne dazugeben und verrühren. Karamelläpfel und Haselnüsse unterheben.
6. Teig in die Form geben und 45 Minuten backen. Herausnehmen und abkühlen lassen.
7. Für die Glasur Butter, braunen Zucker und Sahne in einem kleinen Topf unter Rühren zum Kochen bringen und eine Minute köcheln lassen. Temperatur herunterdrehen und nochmals 2 Minuten köcheln lassen. Vom Herd nehmen und den Puderzucker dazusieben. Mit dem Schneebesen unterrühren. Etwas abkühlen lassen, durchrühren und über den Kuchen geben.

2
4

Eierlikör-Zimtschnecken

ZUTATEN FÜR 12 STÜCK

- 500 g Mehl
- 2 TL brauner Zucker
- 1 Prise Salz
- 1 Pck. Trockenhefe
- 180 ml Eierlikör
- 110 g Butter
- 3 Eier

Füllung

- 110 g Butter
- 150 g brauner Zucker
- 100 g Zucker
- 2 TL Zimt
- 100 g Schokoladentropfen

Glasur

- 250 g Puderzucker
- 5 TL Eierlikör

1. 400 g Mehl, braunen Zucker, Salz und Hefe in einer Schüssel vermengen. Eierlikör und Butter zugeben und verkneten.
2. Jetzt nach und nach die Eier und das restliche Mehl einarbeiten, der Teig sollte aber nicht zu trocken werden.
3. Abgedeckt mit Frischhaltefolie eine Stunde ruhen lassen.
4. Für die Füllung die Butter schmelzen. Mit Zucker und Zimt vermengen.
5. Ein Backblech mit Backpapier auslegen.
6. Den Teig nochmals durchkneten und zu einem Rechteck (ca. 25 x 40 cm) ausrollen.
7. Buttermischung darauf verteilen. Die Schokoladentropfen darübergeben und andrücken. Den Teig von der langen Seite her aufrollen und in 12 Scheiben schneiden. Mit Folie abdecken und nochmals 30 Minuten gehen lassen.
8. Backofen auf 180 °C vorheizen und die Schnecken im Ofen 25 Minuten goldbraun backen.
9. In der Zwischenzeit Puderzucker und Eierlikör zu einer dickflüssigen Glasur verrühren. Die Glasur auf die noch warmen Schnecken geben.

Apfel-Marzipan-Tiramisu mit gebrannten Mandeln

In der Vorweihnachtszeit schmeckt ein Tiramisu direkt noch mal so gut. Und da der italienische Klassiker gut abwandelbar ist, kommen hier saftige Äpfel zum Einsatz. Ich habe wirklich keine Worte für dieses Rezept. Weil Worte nicht annähernd beschreiben, wie wahnsinnig magisch (ja, magisch!) dieses Tiramisu ist. Und ich benutze das Wort magisch eigentlich kaum. Kommen wir gleich zur Sache. Das Wichtigste zuerst: Du solltest dieses Tiramisu unbedingt probieren. Und die Zubereitung ist nicht kompliziert, sodass es dein Lieblings-Weihnachtsdessert werden kann.

ZUTATEN FÜR 4 PORTIONEN

- 4 Äpfel
- 150 ml heißer Espresso
- 1 TL gem. Zimt
- 100 g Zucker
- 100 g Mandelkerne
- 500 ml Apfelsaft
- 1 EL Speisestärke
- 300 g Marzipanrohmasse
- 5 EL Amaretto
- 500 g Mascarpone
- 80 g Puderzucker
- 8 Löffelbiskuit
- Backkakao

1. Äpfel schälen, entkernen und würfeln. Espresso mit ½ TL Zimt verrühren, abkühlen lassen.
2. Zucker und restlichen Zimt mit 50 ml Wasser in eine Pfanne geben. Aufkochen lassen und Mandeln zugeben. Unter Rühren erhitzen, bis der Zucker trocken wird. Temperatur herunterdrehen und unter Rühren so lange köcheln lassen, bis der Zucker vollständig geschmolzen ist. Die Mandeln auf einem Backpapier verteilen und abkühlen lassen.
3. 3 EL Apfelsaft mit der Speisestärke verrühren. Restlichen Apfelsaft aufkochen lassen und mir der Speisestärke abbinden. Vom Herd nehmen und Apfelwürfel unterheben.
4. 200 g Marzipan mit Amaretto verrühren. Mascarpone, Puderzucker und Marzipanmischung verrühren.

5. Löffelbiskuits halbieren, kurz in die Espressomischung tauchen und als Boden in 4 Gläser legen. Die Hälfte der Mascarponecreme in die Gläser spritzen, gefolgt von einer Schicht Apfelwürfel. Restliche Mascarponecreme aufspritzen. Mindestens 4 Stunden abgedeckt im Kühlschrank ziehen lassen.

6. Vor dem Servieren das restliche Marzipan zu Kugeln formen und in Kakaopulver wälzen. Das Dessert mit gebrannten Mandeln und Marzipankugeln garnieren und servieren.

Lebkuchen-Tiramisu

Lebkuchen machen vor Nichts halt. Jetzt mogeln sie sich schon ins Tiramisu.

ZUTATEN
FÜR 1 AUFLAUFFORM
(CA. 35 X 25 CM)

- 100 ml Espresso
- 10 EL Amaretto oder Licor 43
- 15 runde Lebkuchen
- 400 ml Sahne
- 1 Pck. Vanillezucker
- 500 g Mascarpone
- 750 g Magerquark
- 50 g Zucker
- Backkakao

1. Espresso und Amaretto verrühren. Die Hälfte der Lebkuchen in eine Auflaufform legen und mit der Hälfte der Likörmischung beträufeln. Sahne mit Vanillezucker steif schlagen, Mascarpone unterrühren. Die Hälfte der Masse in einen Spritzbeutel geben und zur Seite stellen. Restliche Mascarponecreme mit Magerquark und Zucker verrühren und auf die beträufelten Lebkuchen streichen.
2. Restliche Lebkuchen auflegen und mit der restlichen Espresso-Likörmischung beträufeln oder bepinseln. Kleine Tuffs auf das Tiramisu spritzen und mindestens 2 Stunden kühl stellen.
3. Vor dem Servieren mit Backkakao bestäuben.

Mascarpone-Maronen-Creme

ZUTATEN FÜR 4 PORTIONEN

200 g Vollmilch-schokolade

400 ml Milch

1 Pck. Vanillezucker

300 g Maronen, vorgegart

300 g Mascarpone

200 g Sahne

2 EL Puderzucker

Dekoration

4 Salzbrezeln, halbiert

4 rote Schokoladen-linsen

8 braune Schoko-ladenkugeln

1. Schokolade grob hacken. Die Milch mit dem Vanillezucker unter Rühren erhitzen. Maronen zufügen und 20 Minuten köcheln lassen, dann pürieren. Schokolade zugeben und unterrühren. 100 g Mascarpone unterrühren. Die Masse in 4 Gläser füllen und abkühlen lassen.
2. Sahne mit Puderzucker steif schlagen, 200 g Mascarpone unterrühren.
3. Die Mascarponecreme auf die Gläser verteilen und mindestens 1 Stunde kühlen.
4. Mit Salzbrezeln, Schokoladenlinsen und Schokoladenkugeln dekorieren.

Käsekuchen mit Glühwein-Topping

ZUTATEN FÜR 1 SPRINGFORM (Ø 28 CM)

Boden

130 g Butter

400 g Spekulatius

1 TL Zimt

Füllung

250 g Magerquark

450 g sahniger Frischkäse

200 g Schlagsahne

160 g Zucker

1 Ei + 2 Eigelb

1 Pck. Vanillepudding-Pulver

Glühweinguss

1 Pck. roter Tortenguss

250 ml Glühwein

2 EL Zucker

Topping (optional)

Mandeln, Sternanis

Rosmarin

frische Cranberrys

1. Backofen auf 180 °C Umluft vorheizen und die Springform einfetten.
2. Für den Boden die Butter schmelzen und die Spekulatius fein mahlen. Zimt, Kekskrümel und Butter vermengen und als Boden in die Springform drücken.
3. 10 Minuten backen, abkühlen lassen.
4. Für die Füllung Quark, Frischkäse, Sahne, Zucker, Ei und Eigelbe mit dem Handmixer gut verrühren. Puddingpulver unterrühren. Die Füllung auf dem Keksboden verteilen und 50 Minuten backen.
5. Den Kuchen noch 2 Stunden in der Form abkühlen lassen, dann aus der Springform lösen.
6. Tortengusspulver mit Glühwein und Zucker verrühren, aufkochen lassen und sofort auf den Kuchen gießen.
7. Nach Lust und Laune dekorieren.

Birnen-Tarte

ZUTATEN FÜR 1 SPRINGFORM (Ø CA. 26 CM)

- 150 g Marzipanrohmasse
- 220 g Mehl
- 225 g Butter, Zimmertemperatur
- 60 g Puderzucker
- 1 Eigelb
- 4–6 kleine Birnen
- 80 g Zucker
- 2 Eier
- 10 g Speisestärke
- 1 EL Quittengelee
- 2 EL Sonnenblumenkerne
- etwas Puderzucker

1. Die Marzipanrohmasse fein würfeln. Für den Boden 210 g Mehl mit 125 g Butter, Puderzucker und dem Eigelb verkneten. Teig zu einer Kugel formen und bis zur Verwendung kalt stellen.
2. Teig ausrollen und in die Springform geben. Den Boden mehrmals einstechen. Backofen auf 180 °C Umluft vorheizen.
3. Birnen schälen, halbieren, entkernen und fächerförmig einschneiden.
4. Restliche Butter 5 Minuten aufschlagen. Marzipan, Zucker, und die 2 Eier nach und nach unterrühren. Restliches Mehl und Speisestärke unterrühren.
5. Die Masse auf dem Teigboden verteilen, Birnenfächer auflegen und 40–45 Minuten goldbraun backen.
6. Gelee erhitzen, auf den Kuchen pinseln und mit Sonnenblumenkernen und Puderzucker bestreuen.

Pistazien-Cranberry-Gugelhupf

Dieser Kuchen ist etwas ganz Besonderes! Ich bin bei jedem Kuchen aufgeregt, wenn ich ihn aus der Form löse und dann noch einmal, wenn ich ihn anschneide. Okay … dann noch einmal, wenn ich ihn probiere. Dank der Pistazien, Orangeschale und weißen Schokolade ist er einfach ein Knaller.

ZUTATEN FÜR 1 GUGELHUPF-FORM (Ø 23 CM)

- 225 g Butter, Zimmertemperatur
- 225 g Zucker
- 4 Eier
- 250 g Mehl
- 1 TL Backpulver
- 50 g getr. Cranberrys
- 100 g Pistazien, grob gehackt
- abgeriebene Schale von 1 Bio-Orange
- 2 TL Milch
- 1–2 Tropfen grüne Lebensmittelfarbe
- 150 g weiße Schokolade
- frische Cranberrys, zum Dekorieren

1. Backofen auf 180 °C Ober-/Unterhitze vorheizen. Gugelhupfform einfetten und bemehlen.
2. Butter und Zucker schaumig aufschlagen und Eier nach und nach unterrühren.
3. Mehl, getrocknete Cranberrys, Pistazien, Orangenschale, Milch und Lebensmittelfarbe unterrühren.
4. Teig in die Form geben und 40 Minuten goldbraun backen.
5. Abkühlen lassen.
6. Weiße Schokolade über einem Wasserbad schmelzen lassen und löffelweise über den Kuchen geben.
7. Nach Lust und Liebe mit frischen Cranberrys, Rosmarin und/oder Pistazien dekorieren.

Mascarponecreme mit Zimtsternen

**ZUTATEN
FÜR 4 PORTIONEN**

200 g Naturjoghurt

250 g Magerquark

250 g Mascarpone

3 EL Orangensaft

50 g Zucker

1 Pck. Vanillezucker

1 Msp. Lebkuchengewürz

16 Zimtsterne

1 Dose Mandarinen

etwas Zimt

1. In einer Schüssel Naturjoghurt, Magerquark und Mascarpone miteinander glatt rühren.
2. Orangensaft, Zucker, Vanillezucker und Lebkuchengewürz in einer Schale verrühren, mit der Mascarponecreme vermengen. 12 Zimtsterne zerbröseln.
3. Mandarinen abtropfen lassen.
4. In 4 Gläser abwechselnd die Zimtsternbrösel, Mandarinen und Mascarponecreme schichten.
5. Mit den restlichen Zimtsternen und etwas Zimt dekorieren, in den Kühlschrank stellen und gut gekühlt servieren.

HERZHAFTES
X-mas

TIPP

Den Speck mit einem Sparschäler ganz fein schneiden und zusammengerollt auf dem Burger garnieren. Wer ihn vakuumiert kauft, nimmt den Speck mindestens eine Stunde vor dem Genuss aus der Verpackung. So kann er sein ganzes Aroma entfalten.

Big-Christmas-Burger

**ZUTATEN
FÜR 4 PORTIONEN**

Cranberrysoße

250 g Cranberrys

100 g Rohrohrzucker

Saft von ½ Zitrone

120 ml trockener Rotwein

1 Prise Zimt

1 Prise Ingwer

Rösti

6 mehligkochende Kartoffeln, gekocht

1 Zwiebel, fein gehackt

Salz

Pfeffer

2 Eiweiß

Burger

4 Burger-Buns

1 kleiner Radicchio

4 Salatblätter

8 Scheiben Raclette-Käse

250 g Südtiroler Speck (g. g. A.), in feine Scheiben geschnitten

1. Für die Soße die Cranberrys mit Zucker und Zitronensaft in einen Topf geben und unter Rühren 20 Minuten köcheln lassen. Rotwein zugießen, Gewürze hinzufügen und 10 Minuten köcheln lassen. Etwas abkühlen lassen.

2. Für den Röstiteig Kartoffeln fein raspeln, Zwiebel, Salz, Pfeffer und Eiweiß zugeben und mit den Händen verkneten. Den Teig 30 Minuten in den Kühlschrank geben. Zu 4 Rösti formen und von beiden Seiten goldbraun anbraten.

3. Burger-Buns aufschneiden und kurz im Ofen erwärmen. Mit Cranberrysoße, Salat, Rösti, Käse und Speck belegen.

Winter-Nudel-Tajine

Was passiert eigentlich, wenn jemand wie ich zu Weihnachten viel lieber in Marrakech sitzen und in seinem Lieblingsrestaurant La Trattoria Marrakech eine große Gemüse-Tajine essen würde? Ganz klar, ich hole mir einfach die Tajine nach Hause und fülle sie mit regionalem Wintergemüse, Gewürzen aus 1001 Nacht und – meinem Lieblingsgrundnahrungsmittel – Nudeln. Auf zur deutsch-marokkanischen Fusionsküche! Mein Weihnachtsmoment aus Marrakech.

ZUTATEN FÜR 4 PORTIONEN

3 EL Olivenöl

1 Zwiebel, fein gehackt

2 Knoblauchzehen, fein gehackt

1 rote Spitzpaprikaschote, in Ringe geschnitten

1 kleiner Hokkaido, gewürfelt

1 Knolle Kohlrabi, gewürfelt

1 Rote-Bete-Knolle, gewürfelt

1 Zucchini, gewürfelt

1 Aubergine, gewürfelt

Salz

Pfeffer

1. Öl in einer großen Tajine (oder in einem Schmortopf) erhitzen. Zwiebel, Knoblauch, Paprika, Kürbis, Kohlrabi, Rote Bete, Zucchini und Aubergine bei milder Hitze andünsten und mit Salz, Pfeffer und Ras el Hanout würzen. Kichererbsen und gehackte Tomaten unterrühren. Saft von 1 Zitrone auspressen und unterrühren.
2. Möhren auflegen, Tajine zudecken (oder Schmortopf mit Deckel schließen) und 30 Minuten auf mittlerer Hitze schmoren lassen. In der Zwischenzeit Pasta nach Packungsanleitung kochen.
3. Pasta auf Teller anrichten und mit dem Gemüse aus der Tajine toppen.
4. Mit Petersilie und/oder Koriander, Granatapfelkernen und der übrigen Zitrone servieren.

2 EL Ras el Hanout (Gewürzmischung)

1 Dose Kichererbsen (400 g), kalt abgespült und abgetropft

1 Dose gehackte Tomaten (400 g)

2 Zitronen

5 Möhren, halbiert

500 g Pasta

1 Bund glatte Petersilie, gehackt

½ Bund frischer Koriander, gehackt (optional)

Kerne von 1 Granatapfel

TIPP

Je nach Rezept besteht Ras el Hanout aus bis zu 30 verschiedenen, gemahlenen Gewürzen.

Manchmal werden auch getrocknete Rosenknospen und gemahlener Chili zugefügt.

Die Ras-el-Hanout-Gewürzmischung kannst du auch leicht selbst machen. Einfach die folgenden Zutaten vermengen.

2 TL Koriander, gemahlen

2 TL schwarze Pfefferkörner, im Mörser fein zerstoßen

3 Nelken, gemahlen

2 TL Zimt, gemahlen

12 Pimentkörner, gemahlen

2 TL Ingwer, gemahlen

2 TL Kreuzkümmel, gemahlen

2 TL Muskat, gemahlen

2 TL Cayennepfeffer

1 TL Anis, gemahlen

1 TL Kardamomkapseln, frisch im Mörser zerstoßen

1 TL Kurkuma, gemahlen

Sandra Wittlinger

Unternehmerin und beste Freundin, Marrakech

Für mich ist Weihnachten der Anblick und vor allem der Duft von Tannennadeln.

Das können auch 1001 Palme nicht ersetzen. Dafür kann Marrakech zur Weihnachtszeit mit strahlend blauem Himmel und einem gigantischen Blick aufs verschneite Atlasgebirge punkten. Deswegen zieht es mich oft in den hohen Atlas zum Tannenzapfen sammeln. Es riecht nach Zeder, Wacholder, wildem Thymian, und die riesigen Pinien haben eine ganz besondere Energie. Meine Familie hat die heimischen Tannenzweige einfach schon im Koffer mitgebracht. Man muss eben Prioritäten setzen im Urlaubsgepäck!

Joyeux Noël.

TIPP
Anstelle des Olivenöls etwas Trüffelöl verwenden.

Trüffel-Pizza

Pizza zu Weihnachten? Warum denn nicht? Mit den richtigen Zutaten wird die Pizza zum absoluten Highlight. Auch perfekt als kleine Vorspeise.

ZUTATEN FÜR 1 BACKBLECH

- 1 Packung frischer Pizzateig (400 g)
- 150 g Crème fraîche
- 1 TL Honig
- Salz
- Pfeffer
- 150 g Mozzarella
- 200 g Pilze nach Belieben
- 80 g Parmesan, gehobelt
- etwas frischer Rucola
- Saft von ½ Zitrone
- 1 TL Olivenöl
- etwas frischer Trüffel, gehobelt

1. Backofen auf 220 °C Heißluft vorheizen und den Teig 15 Minuten vor der Verarbeitung aus dem Kühlschrank nehmen. Hände und Arbeitsfläche gut bemehlen. Den Teig mit bemehlten Händen aus der Packung nehmen.
2. Teig mit den Fingern von der Mitte nach außen flach drücken. Die Pizza vorsichtig am Rand bis zur gewünschten Größe und Dicke auseinanderziehen. Kein Nudelholz verwenden, da die Pizza ansonsten nicht mehr gut aufgehen kann.
3. Den gut bemehlten Teig auf ein beschichtetes Backblech ohne Backpapier legen.
4. Crème fraîche mit dem Honig verrühren und auf dem Teig verteilen, mit Salz und Pfeffer würzen.
5. Mozzarella und klein geschnittene Pilze darauf verteilen.
6. Im Backofen 15–17 Minuten auf unterster Schiene knusprig backen.
7. Herausnehmen und mit etwas Parmesan und Rucola belegen. Etwas Zitronensaft und Olivenöl darüber geben und mit frisch gehobeltem Trüffel bestreuen.

Vegetarische Wirsingrouladen mit Gremolata

Zu meinem Winter-Soulfood gehören einfach ein paar deftige Kohlrouladen wie die von Mama. Aber der Klassiker kann auch anders: Gefüllt mit Reis und knackigem Gemüse bekommen sie on top noch eine Gremolata, die für den Frische-Kick sorgt. Und alles ziemlich easy …

ZUTATEN FÜR 8–10 STÜCK

300 g Champignons
2 Zwiebeln
1 Knoblauchzehe
2 Karotten,
1 Paprikaschote
1 Kopf Wirsing
Salz
Öl zum Anbraten
Pfeffer
200 g Reis, gekocht
150 g Gouda, gerieben
500 ml Gemüsebrühe

1. Champignons fein hacken, Zwiebeln und Knoblauch enthäuten und fein würfeln. Karotten und Paprika in Julienne schneiden.
2. Kohl waschen und 8–10 Blätter ablösen. Kohlblätter 5 Minuten in kochendes Salzwasser geben. Herausnehmen und die Mittelrippen etwas flach schneiden. Pilze in etwas Öl anbraten, Zwiebel und Knoblauch zugeben und kurz mit anbraten. Mit Pfeffer und Salz abschmecken. Reis mit Pilzmischung und Käse vermengen. Paprikastreifen mittig auf die Kohlblätter geben, gefolgt von der Reisfüllung und den Karottenstreifen.
3. Seitenränder einschlagen und aufrollen. Mit Holzstäbchen feststecken oder mit Küchengarn festbinden.
4. Etwas Öl in einem großen Topf erhitzen und die Wirsingrouladen von allen Seiten anbraten, herausnehmen und in eine Auflaufform setzen. Mit Gemüsebrühe aufgießen und im vorgeheizten Backofen bei 180 °C 20 Minuten schmoren.

Gremolata

1 Bund Petersilie

2 Zehen Knoblauch

Schale von 1 Bio-Zitrone

1 Prise Salz

Topping

frische Cranberrys (optional)

5. Für die Gremolata die Petersilie waschen, trocken schütteln und fein hacken.
6. Knoblauch fein hacken und zusammen mit Zitronenschale, Petersilie und Salz vermengen.
7. Kohlrouladen mit etwas Gremolata und Cranberrys servieren.

Familie Frei

Dietershausen, Deutschland

Die Freis sind eine kleine Familie inmitten der schönen Rhön, die ich vor einigen Jahren kennen und lieben lernen durfte.

Abseits von Straßenlärm und hupenden Autos leben sie in einem beschaulichen Dorf. Man könnte, falls man in Schubladen denkt, meinen, dass sie eine Vorzeigefamilie sind: Papa arbeitet, Mama auch (aber halbtags), seit 20 Jahren ein Paar, seit zehn Jahren verheiratet und immer noch verliebt, zwei Kinder, Haus und Meerschweinchen. Hier muss es doch Weihnachtsgefühle hageln, oder?

Bine, 40

»Ich kann mich noch genau daran erinnern, als ich Weihnachten das erste Mal nicht mit meinen Eltern und Geschwistern, sondern bei Thorstens Familie gefeiert habe. Das war echt schlimm für mich, denn auf einmal fehlten langjährige Traditionen aus meiner Kindheit, die bis zu diesem Abend selbstverständlich waren. Seitdem habe ich unsere Familientradition in meiner eigenen kleinen Familie eingeführt, und es wird nach dem Abendessen und vor der Bescherung gesungen. Vor dem geschmückten Baum und mindestens vier Lieder! Das machen wir dann alle zusammen. Vielleicht wird eines meiner Kinder diese Tradition auch weiterführen.

Meine Lieblingserinnerung: Früher hat man den Baum immer im Wald selber geschlagen. So ist dann Papa mit seinen vier Kindern losgefahren und hat uns immer vor den Baum gestellt, der schön genug war und infrage kam, geschlagen zu werden, um unser Zuhause zu schmücken. Als Kind war man richtig aufgeregt, welcher Baum es dann im Endeffekt wurde. Papa hat uns quasi als Markierung benutzt. Eigentlich eine schlaue Idee, oder?«

Thorsten, 48

»Ich habe die Vorweihnachtszeit schon als kleiner Junge geliebt. Besonders die große Krippe, die der Großvater selbst gebaut hat, hat mich immer wieder fasziniert. Ich stand mit großen Augen davor. Auch heute baue ich mit meinen Söhne eine Krippe im Wohnzimmer auf. Uns verbindet, dass wir als »Männergespann« den Baum aussuchen und am 23. Dezember aufstellen. Das Schmücken des Baumes überlasse ich aber meiner Frau mit den Kindern. So pflegt jeder seine Gemeinsamkeiten.«

Simon, 13

»Ich mag Weihnachten, weil dann die ganze Familie zusammen feiert. Die Geschenke sind natürlich am besten. Auch wenn es viele in meinem Alter gibt, die meinen, dass Weihnachten uncool wäre, möchte ich auf unsere Traditionen nicht verzichten.«

David, 10

»Ich gehe auch gerne in die Kirche. Da steht eine riesengroße Krippe, die ich mir immer wieder gerne anschaue. Auch das Keksebacken mit Mama macht viel Spaß.«

Als ich Bine und Thorsten fragte, was sie beide mit Weihnachten verbindet, sagten sie fast gleichzeitig »Liebe«. Ist das nicht wunderschön?

Damit alle genug Zeit füreinander haben und Heiligabend genießen können, gibt es bei den Freis immer überbackene Schinkenröllchen. Am ersten und zweiten Weihnachtsfeiertag werden die Eltern von Bine und Thorsten besucht, wo dann ganz festlich geschmaust wird.

Überbackene Schinkenröllchen

ZUTATEN FÜR 4 PORTIONEN

- 500 g Hackfleisch, gemischt
- Salz
- Pfeffer
- 20 Scheiben Kochschinken
- 1 Glas Paprikasoße Ungarische Art (ca. 500 ml)
- 200 g Schmand
- 200 g Sahne
- 100 g Gouda, gerieben

1. Hackfleisch mit Salz und Pfeffer würzen.
2. Backofen auf 200 °C Ober-/Unterhitze vorheizen. Aus dem Hackfleisch 20 kleine Würstchen formen und in je eine Scheibe Kochschinken einrollen. Die fertigen Röllchen nebeneinander in eine Auflaufform legen. Die Soße zusammen mit dem Schmand und der Sahne verrühren und über die Schinkenröllchen geben. Mit Käse bestreuen und im Ofen ca. 40 Minuten backen.
3. Dazu passen Reis, Nudeln oder auch Baguette.

Champagner-Kartoffelsuppe

ZUTATEN FÜR 4 PORTIONEN

Suppe

1 Zwiebel

2 Knoblauchzehen

150 g Lauch

300 g mehligkochende Kartoffeln

30 g Butter

1 l Gemüsebrühe

Meersalz

200 ml trockener Weißwein

200 ml Champagner oder Sekt

Croûtons

3 Scheiben Weißbrot

1 EL Butter

Topping

etwas frische Petersilie

1. Zwiebel und Knoblauch enthäuten und fein würfeln. Lauch waschen und den weißen Teil in feine Ringe schneiden. Kartoffeln schälen und in Würfel schneiden.
2. Butter in einem großen Topf erhitzen, Zwiebel und Lauch darin 2 Minuten andünsten.
3. Kartoffel- und Knoblauchwürfel zugeben. Mit Gemüsebrühe aufgießen, salzen und aufkochen lassen.
4. Zugedeckt bei mittlerer Hitze 25 Minuten köcheln lassen. Nach 10 Minuten den Weißwein zugießen.
5. Suppe pürieren (wer es feiner mag, die Suppe durch ein Haarsieb streichen), aufkochen lassen und Champagner unterrühren.
6. Für die Croûtons vom Weißbrot die Rinde abschneiden und das Brot in Würfel schneiden. In einer Pfanne die Butter zerlassen und die Brotwürfel unter Wenden von beiden Seiten goldbraun braten.
7. Vor dem Servieren die Suppe mit den Croûtons belegen und mit Petersilie garnieren.

Weiße Champignonsuppe

ZUTATEN FÜR 4 PORTIONEN

1 Lauchstange
250 g Champignons,
2 Schalotten
1 Knoblauchzehe
1 EL Butter
2 TL Mehl
300 ml Gemüsebrühe
300 ml Milch
½ Bund glatte Petersilie
50 ml Sahne
Salz
Pfeffer

1. Lauch halbieren und in feine Ringe schneiden. Champignons würfeln, Schalotten und Knoblauch enthäuten und fein hacken.
2. Butter in einer Pfanne erhitzen, Lauch, Schalotten und Knoblauch darin andünsten. Hitze hochstellen und die Champignonwürfel zugeben und unter Rühren 3 Minuten dünsten. Mehl dazu sieben und kurz mitdünsten.
3. Gemüsebrühe zugießen und aufkochen lassen. Milch zugeben und 5 Minuten köcheln lassen. Petersilie fein hacken. ⅔ der Petersilie mit der Sahne zur Suppe geben und mit Salz und Pfeffer würzen.
4. Auf Teller aufteilen und mit der restlichen Petersilie garnieren.

Knuspriger Kartoffelsalat

Der Klassiker kann aber auch mal anders interpretiert werden. Wie wäre es mit einem Kartoffelsalat 2.0? Ganz knusprig.

ZUTATEN FÜR 4 PORTIONEN

- 1 kg Kartoffeln, festkochend
- 4 Frühlingszwiebeln, in feine Ringe geschnitten
- 1 Bund Radieschen, in Scheiben geschnitten
- 160 ml Olivenöl
- 2 Zweige Rosmarin
- Salz
- schwarzer Pfeffer
- 1 Schalotte, fein geschnitten
- 3 EL Rotweinessig
- 2 EL Senf
- ½ TL Zucker

1. Kartoffeln mit der Gemüsebürste säubern und 20 Minuten in Salzwasser kochen.
2. Backofen auf 250 °C mit Grillfunktion vorheizen.
3. Ein Backblech mit Backpapier auslegen.
4. Kartoffel abseihen und auf das Backblech geben.
5. Große Kartoffeln mit einer Gabel in Stücke zerteilen.
6. Mit 80 ml Olivenöl beträufeln und mit Salz und Pfeffer würzen.
7. Im Ofen 10 Minuten knusprig backen.
8. Essig, restliches Öl, Senf und Schalottenwürfel verrühren und mit Salz, Pfeffer und Zucker abschmecken.
9. Kartoffel aus dem Backofen nehmen und mit Radieschen, Frühlingszwiebeln und Dressing vermengen und warm servieren.

Kartoffelsalat

ZUTATEN FÜR 4 PORTIONEN

1 kg Kartoffeln
1 Zwiebel
6 EL Speiseöl
250 ml Gemüsebrühe
50 ml Weißweinessig
Salz
Pfeffer
Zucker
2 TL mittelscharfer Senf
1 Bund Petersilie

1. Kartoffeln waschen und in einem Topf mit Salzwasser 25–30 Minuten gar kochen, Schale entfernen und in Scheiben schneiden.
2. Zwiebel schälen und in Würfel schneiden.
3. In einen Topf 2 EL Öl geben und die Zwiebelwürfel darin glasig dünsten. Brühe dazugeben, vom Herd nehmen und mit Essig, Salz, Pfeffer, Zucker und Senf abschmecken.
4. Brühe über die Kartoffeln geben, 30 Minuten ziehen lassen, 4 EL Öl hinzufügen.
5. Petersilie waschen, fein hacken und unter den Kartoffelsalat mischen.

Weihnachtsgedanken zum Abschluss

Je mehr ich in die Rezepte eintauche, mit Menschen über Weihnachten spreche und je mehr meine Küche nach Anis und Zimt riecht, desto mehr neue Gedanken zur Weihnachtszeit kommen mir. Weihnachten ist ein Gefühl. JA! Doch wenn ich genau überlege und in mich hineinhorche, sind es die Menschen und Tiere um mich herum, die Weihnachten zu dem machen, was es ist: das Fest der Liebe!

Nehmen wir Philip Frederick, meine französische Bulldogge und festes Mitglied meiner Familie. Ich liebe dieses kleine Wesen so sehr, dass mein Herz aufgeht, wenn ich daran denke, wie es für ihn war, als er das erste Mal in der Vorweihnachtszeit in den Schnee hinaus musste und fast versank. Er liebte es so sehr, als wir den Baum schmückten und er immer wieder eine Weihnachtskugel oder Schleife stahl, um sie zu verstecken.

Sandra, mein Herz aus Marrakech, die mir zu Weihnachten die Fotos ihrer Kinder sendete. Noah und Jules inmitten einer Schneelandschaft mit Tannenbäumen und mit roten Wichten in der Hand. Und das in einem Fotostudio inmitten meiner Lieblingsstadt Marrakech. Das ist Mutterglück. Und ich bin dankbar, dass sie diesen Moment mit mir geteilt hat.

Mara, die den wohl schönsten Weihnachtsbaum geschmückt hat, den ich je gesehen habe, und Weihnachten mit Kind ganz neu erleben kann. Alleine zu sehen, wie viel Mühe darin steckt, einen Tannenbaum, schöner als alle Tannenbäume aus dem Weißen Haus, aufzustellen, ist Weihnachten pur.

Ursula, die zu Weihnachten nach Gstaad reist, um mir von dort die schönsten Fotos von schneebedeckten Hütten und Häusern zu senden. Zu wissen, dass sie dort ein tolles Weihnachtsfest erleben darf, macht mich einfach zufrieden.

Bine und Thorsten, ich mag euch einfach sehr. Auch wenn wir uns Weihnachten nie wirklich sehen, weiß ich, dass wir in der Vorweihnachtszeit am lodernden Kamin auch gerne mal auf das bevorstehende Fest anstoßen. Mit Bier, Wein, Schnaps ... in der Reihenfolge ... nein, natürlich nicht. Meist konzentrieren wir uns auf Wein und Champagner.

Jens, der zu Weihnachten immer etwas melancholisch wird, weil er die Weihnachtsfeste mit seiner Mutter so sehr vermisst. Aber gerade (und nicht nur) zur Vorweihnachtszeit Menschen in Pflegeheimen besucht, um ihnen eine Freude zu machen. Das ist Weihnachten.

Ayana, seine Tochter (die, zu meinem Glück, gerne mal Tierärztin werden will), die als 10-jähriges Mädchen einfach keine materiellen Wünsche hat und immer wieder sagt, dass sie sich nichts wünscht, weil sie alles schon hat. Herrlich.

Sven und Uwe, die beiden, die nicht nur voller Wortwitz stecken, sondern auch wirklich wichtig in meinem Leben sind. Ich liebe die Fotos, die Uwe heimlich von Sven im Auto macht, wenn sie am ersten Weihnachtstag zur Schwiegermutter fahren, und die er mir dann zusendet, sodass ich ein bisschen mit dabei bin. Ihr beide seid einfach Weihnachten.

Hach, ich liebe euch einfach alle.

Rezeptregister

L

M

O

P

R

S

T

Zutatenregister

R

S

T

Bibliografische Information der Deutschen Nationalbibliothek
Die Deutsche Nationalbibliothek verzeichnet diese Publikation in der Deutschen Nationalbibliografie. Detaillierte bibliografische Daten sind im Internet über http://dnb.d-nb.de abrufbar.

Für Fragen und Anregungen
info@rivaverlag.de

Wichtiger Hinweis
Ausschließlich zum Zweck der besseren Lesbarkeit wurde auf eine genderspezifische Schreibweise sowie eine Mehrfachbezeichnung verzichtet. Alle personenbezogenen Bezeichnungen sind somit geschlechtsneutral zu verstehen.

Originalausgabe
3. Auflage 2022

Türkenstraße 89
80799 München
Tel.: 089 651285-0
Fax: 089 652096

Redaktion: Ulrike Reinen
Umschlaggestaltung & Layout: Isabella Dorsch
Umschlagabbildung und Abbildungen im Innenteil: Patrick Rosenthal
Illustrationen Umschlag und Innenteil: OJardin/Shutterstock.com
Satz: Satzwerk Huber, Germering
Druck: Mohn Media Mohndruck GmbH, Gütersloh
Printed in Germany

ISBN Print 978-3-7423-1891-6
ISBN E-Book (PDF) 978-3-7453-1607-0
ISBN E-Book (EPUB, Mobi) 978-3-7453-1608-7

Wir produzieren nachhaltig
www.m-vg.de

Weitere Informationen zum Verlag finden Sie unter
www.rivaverlag.de
Beachten Sie auch unsere weiteren Verlage unter www.m-vg.de